독서하지 않은 국민은 망한다!
(책방이 노래방보다 많아야)

글로벌

발간에 즈음하여

전세게 한국 독서 꼴지 수치스런 데이타이다.
온갖 동영상매체는 한국열풍이다 자기자랑 열풍이다.
한국 민족은 생각하는 민족인가?
OECD 독서률 꼴지 치매발병률 세계1위 자살률1위 생각해볼필요가 있다.
한사람이 태어나 가족을 이룰때 4인가족이면 통신비 50만원 관리비50만원 식대 50만원 교통비 50만원 아무것도 안해도 200만원이 들어간다.
반면 독서에 투자되는 돈은 0원에 가깝다.
필자는 독서로 50가지 질병을 치료했고 의사들이 못고친 병을 연구해서 치료하고있다.
독서가 없으면 불가능했고 앞으로 독서로 자기몸을 치료해보겠다.
한강 작가가 채식주의자 책을 쓴 의도를 알겠다. 지구에 식물을 압축해서 분류해서 약으로 만들어 판매한다.
우리나라 노래방 갯수는 27,389개이고 도서관은 1,096개에 불과하다.
커피숍 10만개 룸싸롱 1,968개 나라가 위험하다. 책을 단 한권도 읽지않아 치매발병률이 세계1위 불명예 국가이다.
저자가 판단하기에 이대로가면 문화속국이 된다.
정부에서 책임이 크나 룸싸롱 커피숍갯수에 걸맞게 도서관 확충 소규모 독서방 확충에 힘을 써야한다.
유튜브 방송도 통제하여 노래보다는 토론 생각하는 문화조성을 하여야한다.
연애인이 수 백억 빌딩 사고 이런것은 젊은이로 하여금 인생관을 흐리게 만드는 것이다.
돈이 명예고 사회적 신분이 되어버렸다.
필자는 그래서 독서하지 않은 민족은 망한다는 제목으로 도서를 기술하여 국민에게 경각심을 주고자 했다.
사회 구조를 해석하고 분별할줄 아는 사람으로 대한민국이 새로 태어나야한다.
술과 향응이 마치 권위를 부리는 사회가 후손에게 도움이 돼는가를 생각해보자.
언론인 정치인 사회기득권자는 책임있는 정책실현에 앞장서야 한다.
커피숍 10만개 노래방 27만개 국가에서 도서관 갯수와 비교해서 건설적인
방향으로 예산을 책정해서 책읽는 문화에 앞장서야한다.
자아도취에 빠진 한국을 내실있는 대한민국으로 설계해야한다.
이 도서는 5000년 전 나라를 세우신 단군하나님께 바친다.

2024년 12월 26일
저자 김정수 배상

목 차

제1장 전자책 vs. 종이책 차이 ·· 7
  1. 영상 vs. 종이책차이 ··· 8

제2장 명언 ··· 10

제3장 안타까운 현실 ··· 15

제4장 철학적 고찰 ·· 17

제5장 독서률 통계 ·· 17

제6장 편람
  1. 공공도서관 ·· 19
  2. 학교도서관 현황 ··· 63

제7장 암을 이기는 우리들의 음식
  1. 암은 극복할 수 있는 병이다 ································· 163
  2. 생활속에서 암을 예방할 수 있습니다. ····················· 165

제8장 암 예방 음식

1. 현미 ·· 170
2. 된장 ·· 176
3. 녹황색 채소 ·· 178
4. 포도 ··· 180
5. 김치 ··· 183
6. 고추 ··· 187
7. 율무 ··· 189

제1장 책을 읽어야 하는 이유

1. 전자책 vs. 종이책 차이

전자책보다 종이책을 추천하는 이유는 다음과 같습니다.

1) 심리적 요인

종이책은 읽는 과정에서 현실감과 경험을 제공합니다. 우리는 종이책을 만지고, 돌리고, 읽는 과정에서 책의 물리적 존재와 상호작용합니다. 이러한 심리적인 요인들은 독서 경험을 더 풍부하고 깊게 만들 수 있습니다.

2) 집중력과 기억력

여러분이 종이 책을 읽을 때, 여러분은 집중하고 깊게 읽는 경향이 있습니다. 종이책은 디지털 미디어에 비해 장기적인 기억 형성과 깊은 이해를 촉진할 수 있는 요소를 가지고 있습니다. 종이책은 우리의 집중력과 기억력을 더욱 향상시킬 수 있습니다.

3) 독서 경험의 질

종이책은 화면의 눈부심이나 디지털 미디어의 잡음과 같은 잠재적인 방해 요소가 없기 때문에 독서 경험의 질이 높아질 수 있다고 주장합니다. 그것은 종이 책을 읽는 것이 진정한 몰입과 연결을 경험할 수 있고, 이것은 독자들에게 더 의미 있는 경험을 제공할 수 있다고 말합니다.

물론, 전자책은 편리하고 접근하기 쉬운 매체로서 많은 이점을 가지고 있습니다. 하지만, Maryanne Wolf는 종이 책의 독특한 가치와 독서 경험의 풍부함을 강조하고, 종이 책과 전자책의 조화로운 사용이 이상적인 독서 문화를 형성할 수 있다고 주장합니다.

2. 영상 vs. 종이책차이

신경과학적인 관점에서, 비디오를 보는 것과 종이책을 읽는 것은 다른 인지 과정과 뇌 활동을 동반합니다. 다음은 이러한 차이점을 설명하는 몇 가지 관점입니다:

1) 시각 및 청각 처리

영상 시청은 주로 시각적 자극에 의존합니다. 영상에는 시각적 영상, 움직임, 소리 등 다양한 자극이 동시에 제공되므로 시각적 과정과 청각적 과정을 동시에 처리해야 합니다. 이것은 뇌에서 여러 정보를 동시에 처리하는 멀티모달 처리를 유발합니다. 반면 종이책 읽기는 시각적 자극만을 다루며, 읽는 동안 시각적 상상력과 상상력을 주로 활용합니다.

2) 집중력 및 분산 주의

비디오를 보는 것은 많은 시각적 자극과 빠른 화면 전환으로 인해 산만해질 수 있습니다. 뇌는 급격한 시각적 변화에 대응하기 위해 분산된 주의력을 필요로 합니다. 반면 종이책 읽기는 정적인 시각적 화면에서 이뤄지기 때문에 집중력을 집중할 수 있고 깊은 독서 경험을 할 수 있습니다.

3) 기억과 연결성

종이책 읽기는 페이지를 넘기고 텍스트를 따르는 과정에서 시간과 공간적 연결성을 형성하는 선형 구조를 가지고 있습니다. 이 연결은 기억에 도움이 되고 읽기 경험을 더 의미 있게 만들 수 있습니다. 반면에, 비디오 보기는 대부분의 정보가 이미지와 소리로 제공되기 때문에 선형 구조와 연결을 상대적으로 줄일 수 있습니다.

4) 비판적 사고와 깊은 이해

종이책 읽기는 텍스트를 읽으면서 자신의 생각과 상상력을 이용하여 내용을 이해하고 해석하는 과정입니다. 이것은 독자들이 텍스트를 이해하고, 내용을 분석하고, 자신만의 해석을 만들기 때문에 비판적인 사고와 깊은 이해를 촉진할 수 있습니다. 반면에 영상 시청은 영상과 소리가 주로 제공되기 때문에 독립적인 사고와 해석의 범위를 제한할 수 있습니다.

요약하자면, 비디오를 보는 것과 종이 책을 읽는 것은 뇌에서 다른 인지 과정과 뇌 활동을 유발합니다. 비디오 시청은 멀티모달 처리, 분산 주의, 이미지와 소리에 의한 정보 제공을 통해 뇌를 자극합니다. 반면에, 종이 책 읽기는 집중력, 깊은 이해, 그리고 선형적인 연결성을 통해 뇌를 자극하고, 독서 경험의 풍부함을 제공할 수 있습니다.

제2장 명언

"정직이 최상의 도리이다."
- 정직함은 모든 덕목 중에서 가장 중요하다는 의미입니다.

"자신을 돌아보는 것이 가장 큰 공부이다."
- 자기 자신을 성찰하는 것이 학문과 도덕의 근본이 된다는 뜻입니다.

"노력 없이 얻는 것은 없다."
- 성공과 결과는 노력 없이는 얻을 수 없다는 의미입니다.

"겸손이 자기를 높이는 길이다."
- 겸손한 자세가 자신을 더욱 높이고 존경받게 만든다는 의미입니다.

"화를 내면 자신의 마음이 먼저 상한다."
- 분노를 내는 것이 자신에게 해를 끼친다는 의미입니다.

"어떤 일에든 정성을 다하면 성공한다."
- 모든 일에 성심을 다하면 성공할 수 있다는 의미입니다.

"거짓말은 언젠가 드러난다."
- 진실하지 않은 말은 결국에는 들통나게 마련이라는 의미입니다.

"스스로의 한계를 알고 교만하지 말라."
- 자신의 능력이나 한계를 이해하고 교만하지 말라는 교훈입니다.

"부유함보다 더 중요한 것은 품위이다."
- 물질적인 부보다 도덕적 품위가 더 중요하다는 의미입니다.

"남의 잘못을 지적하기 전에 자신의 잘못을 먼저 반성하라."
- 남을 비판하기 전에 자기 자신을 돌아보고 반성하라는 의미입니다.

"말은 행동의 그림자이다."
- 말은 실제 행동을 반영하며, 그 행동이 중요하다는 의미입니다.

"학문과 도덕은 서로 어울린다."
- 학문과 도덕은 서로 연결되어 있으며, 함께 성장해야 한다는 의미입니다.

"배움은 나이를 가리지 않는다."
- 지식과 배움은 나이에 상관없이 계속될 수 있다는 의미입니다.

"자신의 마음을 다스리는 것이 가장 큰 일이다."
- 자신의 마음을 조절하고 다스리는 것이 인생에서 가장 중요한 일이라는 뜻입니다.

"어려움이 닥치면 겸허하게 대처하라."
- 어려운 상황에서도 겸손한 자세로 대처하라는 교훈입니다.

"사람은 먼저 자기 자신을 사랑해야 한다."
- 자신을 사랑하고 존중하는 것이 다른 사람을 사랑하는 기본이 된다는 의미입니다.

"신뢰가 쌓이면 성공이 따른다."
- 신뢰를 쌓는 것이 성공을 이끄는 중요한 요소라는 의미입니다.

"가장 큰 재산은 올바른 인격이다."
- 물질적인 재산보다 올바른 인격과 품성이 더 중요하다는 의미입니다.

"시작이 반이다."
- 모든 일의 시작이 중요하며, 시작하면 절반은 이룬다는 의미입니다.

"천천히 가도 멀리 간다."
- 서두르지 않고 꾸준히 나아가면 목표를 이룰 수 있다는 의미입니다.

"자신의 행동이 남에게 미치는 영향을 항상 생각하라."
 - 자신의 행동이 타인에게 어떤 영향을 미칠지를 고려해야 한다는 교훈입니다.

"성공에는 자수성가가 가장 중요하다."
 - 성공은 자력으로 성취하는 것이 가장 가치가 있다는 의미입니다.

"과거를 반성하고 현재를 살라."
 - 과거의 경험을 돌아보고 현재를 성실히 살아야 한다는 교훈입니다.

"불만을 갖기 전에 먼저 감사하라."
 - 불만보다는 감사의 마음을 갖는 것이 중요하다는 의미입니다.

"자신의 뜻에 따라 행동하되, 남의 뜻도 존중하라."
 - 자신의 의사에 따라 행동하면서도 다른 사람의 의견을 존중하는 것이 중요하다는 의미입니다.

"매일매일 성실히 노력하라."
 - 매일 성실하게 노력하는 것이 성공의 열쇠라는 의미입니다.

"자기 자신에게 진실하라."
 - 다른 사람에게 진실하기 전에 자기 자신에게 진실하라는 교훈입니다.

"단기적인 성공보다는 장기적인 안정이 중요하다."
 - 단기적인 성과보다 장기적인 안정과 성장이 더 중요하다는 의미입니다.

"겸손한 자세가 사람을 성장시킨다."
 - 겸손한 태도가 사람을 성장시키고 발전시킨다는 의미입니다.

"행동은 마음에서 시작된다."
 - 모든 행동은 마음에서 시작되며, 마음가짐이 중요하다는 의미입니다.

"선한 행동이 선한 결과를 낳는다."
 - 선한 행동은 긍정적인 결과를 가져온다는 의미입니다.

"진실한 마음이 가장 강력한 무기이다."
- 진실한 마음과 정직함이 가장 강한 힘을 가진다는 의미입니다.

"어려운 상황에서의 인내가 중요하다."
- 어려운 상황에서도 인내하며 견디는 것이 중요하다는 교훈입니다.

"소중한 것을 지키는 것이 가장 큰 목표이다."
- 소중한 것들을 지키고 보호하는 것이 가장 중요한 목표라는 의미입니다.

"아는 것과 행하는 것은 다르다."
- 지식과 실제 행동은 다르며, 행동이 중요하다는 의미입니다.

"행복은 외부에서 오는 것이 아니라 내부에서 찾아야 한다."
- 진정한 행복은 외부 환경이 아니라 자신의 마음에서 오는 것이라는 의미입니다.

"정확한 판단이 가장 중요한 덕목이다."
- 올바른 판단과 결단이 가장 중요한 덕목이라는 의미입니다.

"과거의 경험에서 배우고 현재를 개선하라."
- 과거의 경험을 통해 현재를 더 나아지게 하는 것이 중요하다는 의미입니다.

"스스로를 믿고 최선을 다하라."
- 자신을 믿고 최선을 다하는 것이 성공의 열쇠라는 교훈입니다.

"자신의 장점을 살리되 단점을 보완하라."
- 자신의 강점을 잘 활용하면서도 단점을 보완하는 것이 중요하다는 의미입니다.

"진정한 리더는 자신의 행동으로 본을 보인다."
- 좋은 리더는 자신의 행동으로 다른 사람들에게 본을 보인다는 의미입니다.

"이해와 용서가 진정한 화해를 이끈다."
- 이해와 용서가 진정한 화해를 이루게 한다는 의미입니다.

"긍정적인 사고가 긍정적인 결과를 가져온다."
- 긍정적인 사고방식이 긍정적인 결과를 가져온다는 의미입니다.

"신뢰는 시간이 지남에 따라 쌓인다."
- 신뢰는 시간이 지남에 따라 쌓이고 강화된다는 의미입니다.

"노력은 결코 배신하지 않는다."
- 꾸준한 노력은 항상 좋은 결과를 가져온다는 교훈입니다.

"과도한 욕심은 불행을 초래한다."
- 지나치게 욕심을 부리면 불행을 초래할 수 있다는 의미입니다.

"배려와 존중이 좋은 관계를 만든다."
- 배려와 존중이 사람들 간의 좋은 관계를 만든다는 의미입니다.

"어려움 속에서 자신을 시험하라."
- 어려운 상황에서 자신의 진가를 시험하고 성장하라는 의미입니다.

"자신의 가치와 신념을 지키라."
- 자신의 가치관과 신념을 지키는 것이 중요하다는 교훈입니다.

"행동으로 진심을 보여라."
- 자신의 진심을 행동으로 표현하라는 의미입니다.

명심보감 명언에 대해 알아봤습니다. 명심보감 명언을 다시 한 번 읽어보세요. 그리고 또 읽어보세요. 여러 번 읽다 보면 본인에게 가장 인상 깊은 명언이 무엇인지 알 수 있습니다.

그 명언대로 살아보시길 바라고 그로 인해 인생이 바뀌길 바랍니다.

제3장 안타까운 현실

드라마 제작비가 1인당 4억 기가막힐노릇이다.
무슨 인간얼굴에다 금으로 발라 가격이 높은지 그만큼 인터넷발달로 눈의로 보고 생각하는 문화가 없어졌다는 말이다.
노래가사 몇줄 잘써서 그것을 소리로 표현해서 수억명이 먹고사는시대 방송과 결탁하여 인간을 세뇌시켜 돈버는시대 무기팔아 생계유지를 위해 끊임없이 전쟁을 일으켜
무기를 소진시키는 시대 비디오 유투버들이 판치는시대가 왔다.

인간은 생각하는 기능을 마비시켜 혼동의 시대가 왔다.
양파먹어 혈액관련병을 고치는데 수십만 원자원소기능을 팔아먹는시대 영어 수학으로 완전 장사 선생을 만드는 시대 안타깝다.
영어는 영어세력이 주도권을 잡고 비영어권에 압력을 가해 수천만년 내려오는 어원의 파생상품으로 세뇌당하고 돈을 투자해서 상업화하는 시대 어원의 본질을 깨닫고 어원을 가르쳐야 언어를 이해하는데 그것을 팔아 세력을 이루어야하는 비참한 현실 수학도마찬가지 산수 수학 이 괘변을 확대시켰다.
천부경 5000년전에 지동설 천동설을 이미 공표했는데 먼훗날 발견했다고 떠드는 아이러니칼하는 시대이다.
5000년전 단군님을 예수 석가 마호메트 공자 등의 성인보다 빨리 깨우쳐 그것을 컨닝해서 종교 집단을 만들어 장사 해먹는 인간에 불과하다.
괘변을 신격화해 장사꾼 종교집단을 생산 해서 혼돈시키고 있다.
천지인 사상 하늘 땅 인간 돈은 많으면 성인이고 돈없으면 하인이 되어버린 오염된사상 영어단어 수학문제로 인생이 평가되는세상 너무 오염이 많다.

맑은 공기 맑은 물 시원한 바람 수 천조보다 더 가치가 있다는 것을 까맣게 잊고 있다
돈있으면 무엇하고 없으면 무엇하리 하늘과 땅의 가치를 망각한 인간을 잘못 생각해서 중심이 잃어가고 있다.
하늘과 땅 자연에 매일 감사하자.

저자는 돈을 갖는 것을 제한하고 그 돈을 공평하게 분배하는 것이 정치이다.

무슨 한사람이 수 백조 수 천조 가져서 언론을 장악해 새로운 종교를 만들고 노예를 만들면 신의 저주의 대상이다.

교회도 절도 마찬가지 돈을 걷고 공평하게 분배하지 않으면 신의 저주의 대상이다.

분명한 사실은 과학기술 정보통신기술의 발달이다.

티브이 인터넷 발달로 유튜브 페이스북 이생겨났고, 네이버 쿠팡 등 인터넷 관련 시스템이 급속도로 팽창하여 인류의 모든 분야가 급속히 팽창하였다.

정보를 모르면 악이 되어버린 현실이다.

제4장 철학적 고찰

　인류 역사에 인간이 생각하는 기준이 수 백갈레로 나누어져 괘변도철학으로 변했다
인간을 태어나서 죽는다.
　태어나고 죽는데 수 천년 전쟁으로 약육강식의 역사 살기위해 과학으로 무장해서 상대편을 죽여 내가 살아야 하는 역사 태어났는데 전생에 무엇이었고 현생을 어떻게살아야하고 죽어서 후생이 어떻게 될까로 수천 가지 수만 가지 철학을 만들어낸다.
　우리는 무한대 광년의 우주 무한대 철학에 기준을 가져야한다.
　1광년은 9억키로미터 인간 수명 100세 30억초에 불과하다.

제5장 독서률 통계

지난해 우리나라 성인 10명 가운데 약 6명이 1년 간 책을 단 한 권도 읽지 않은 것으로 나타났다.

문화체육관광부가 18일 발표한 '2023 국민 독서실태조사'에 따르면 지난해(2022년 9월~2023년 8월) 성인 가운데 일반 도서를 단 한 권이라도 읽거나 들은 사람의 비율을 뜻하는 종합독서율이 43.0%에 그쳤다.
직전 조사 시점인 2021년 대비 4.5%포인트 감소한 것으로, 1994년 독서 실태조사(격년)를 실시한 이래 가장 낮은 수치를 기록했다.
성인 연간 종합독서율은 처음 조사가 이뤄진 1994년까지만 하더라도 86.8%에 달했다. 하지만 전자책이 통계에 포함된 2013년(72.2%) 이후 줄곧 내리막길을 걸으며 매번 역대 최저 기록을 새로 쓰고 있다.

인 연간 종합독서율은 처음 조사가 이뤄진 1994년까지만 하더라도 86.8%에 달했다. 하지만 전자책이 통계에 포함된 2013년(72.2%) 이후 줄곧 내리막길을 걸으며 매번 역대 최저 기록을 새로 쓰고 있다.

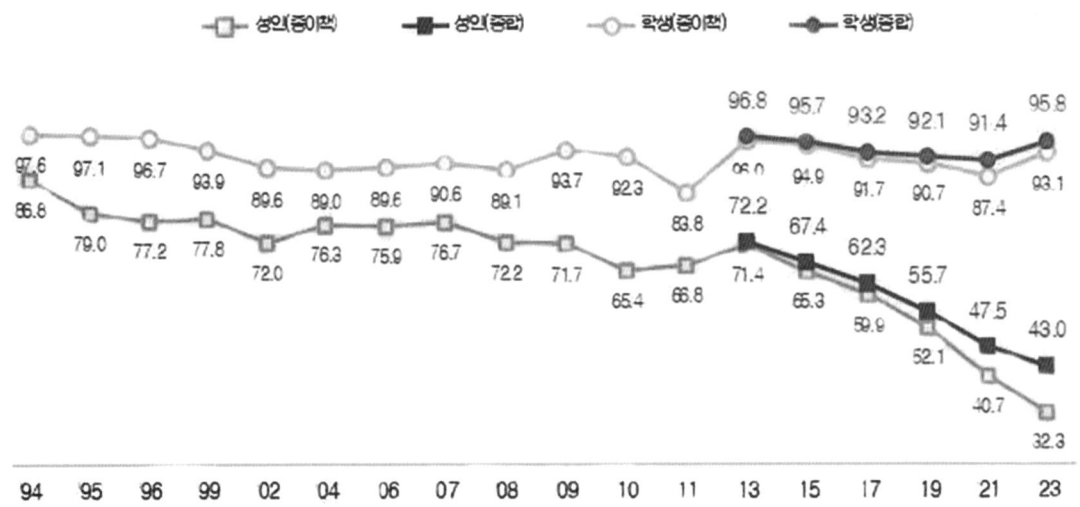

제6장 편람

1. 공공도서관

번호	도서관명	지역	시군구	도서관구분	전화번호
1	강릉교육문화관	강원	강릉시	공공(일반)	033-640-9941
2	강릉시립중앙도서관	강원	강릉시	공공(일반)	033-660-3274
3	고성교육도서관	강원	고성군	공공(일반)	033-682-4886
4	고성군립도서관	강원	고성군	공공(일반)	033-680-3560
5	관전도서관	강원	철원군	공공(일반)	033-450-5327
6	남면도서관	강원	홍천군	공공(일반)	033-430-2415
7	동해교육도서관	강원	동해시	공공(일반)	033-533-4436
8	동해꿈빛마루도서관	강원		공공(일반)	033-530-2501
9	동해시립발한도서관	강원	동해시	공공(일반)	033-530-2480
10	동해시립북삼도서관	강원	동해시	공공(일반)	033-530-2490
11	둔내태성도서관	강원	횡성군	공공(일반)	033-340-5865
12	명주교육도서관	강원	강릉시	공공(일반)	033-660-6901
13	모루도서관	강원	강릉시	공공(일반)	033-660-3240
14	문막교육도서관	강원	원주시	공공(일반)	033-735-3682
15	미리내도서관	강원	원주시	공공(일반)	033-737-2828
16	사북공공도서관	강원	정선군	공공(일반)	033-592-5757
17	삼척교육문화관	강원	삼척시	공공(일반)	033-570-5543
18	삼척도계도서관	강원	삼척시	공공(일반)	033-570-4211
19	삼척원덕도서관	강원	삼척시	공공(일반)	033-572-4819
20	샘마루도서관	강원		공공(일반)	033-737-5099
21	서석도서관	강원	홍천군	공공(일반)	033-430-2405
22	소양도서관	강원	춘천시	공공(일반)	033-245-5142
23	속초교육도서관	강원	속초시	공공(일반)	033-636-1495
24	속초교육문화관	강원	속초시	공공(일반)	033-630-0216
25	속초시립도서관	강원	속초시	공공(일반)	033-631-1443

번호	도서관명	지역	시군구	도서관구분	전화번호
26	양구교육도서관	강원	양구군	공공(일반)	033-482-0284
27	양양교육도서관	강원	양양군	공공(일반)	033-672-2679
28	영월교육도서관	강원	영월군	공공(일반)	033-373-9315
29	영월주천도서관	강원	영월군	공공(일반)	033-374-7766
30	원주교육문화관	강원	원주시	공공(일반)	033-737-1001
31	원주시 그림책 도서관	강원		공공(일반)	033-737-4702
32	원주시립중앙도서관	강원	원주시	공공(일반)	033-737-4360
33	원통도서관	강원	인제군	공공(일반)	033-460-4314
34	인제교육도서관	강원	인제군	공공(일반)	033-460-1077
35	인제기적의도서관	강원	인제군	공공(일반)	033-460-4321
36	정선교육도서관	강원	정선군	공공(일반)	033-563-5330
37	중천철학도서관	강원	원주시	공공(일반)	033-737-4476
38	철암도서관	강원	태백시	공공(일반)	033-581-7701
39	철원갈말도서관	강원	철원군	공공(일반)	033-450-5227
40	철원교육도서관	강원	철원군	공공(일반)	033-455-6928
41	철원김화도서관	강원	철원군	공공(일반)	033-450-5627
42	춘성교육도서관	강원	춘천시	공공(일반)	033-242-6636
43	춘천교육문화관	강원	춘천시	공공(일반)	033-258-2500
44	춘천남산도서관	강원	춘천시	공공(일반)	033-245-5560
45	춘천동내도서관	강원	춘천시	공공(일반)	033-245-5130
46	춘천서면도서관	강원	춘천시	공공(일반)	033-245-5173
47	춘천시립도서관	강원	춘천시	공공(일반)	033-245-5102
48	춘천시립청소년도서관	강원	춘천시	공공(일반)	033-245-5792
49	춘천신사우동도서관	강원	춘천시	공공(일반)	033-245-5131
50	태백교육도서관	강원	태백시	공공(일반)	033-553-1237
51	태백산소드림도서관	강원	태백시	공공(일반)	033-550-2757
52	태백시립도서관	강원	태백시	공공(일반)	033-550-2755
53	태장도서관	강원		공공(일반)	033-737-4485
54	토성공공도서관	강원	고성군	공공(일반)	033-680-3561

번호	도서관명	지역	시군구	도서관구분	전화번호
55	평창교육도서관	강원	평창군	공공(일반)	033-332-2615
56	평창군립대관령도서관	강원	평창군	공공(일반)	033-330-2845
57	평창군립대화도서관	강원	평창군	공공(일반)	033-330-2549
58	평창군립봉평도서관	강원	평창군	공공(일반)	033-330-2826
59	평창군립진부도서관	강원	평창군	공공(일반)	033-330-2547
60	홍천교육도서관	강원	홍천군	공공(일반)	033-433-2158
61	홍천내면도서관	강원	홍천군	공공(일반)	033-430-2586
62	홍천연봉도서관	강원	홍천군	공공(일반)	033-430-2591
63	화천교육도서관	강원	화천군	공공(일반)	033-441-6342
64	횡성교육도서관	강원	횡성군	공공(일반)	033-344-6591
65	횡성군립도서관	강원	횡성군	공공(일반)	033-340-5867
66	가람도서관	경기	파주시	공공(일반)	031-949-2552
67	가재울도서관	경기	의정부시	공공(일반)	031-828-8660
68	가평군 설악도서관	경기	가평군	공공(일반)	031-580-4313
69	가평군 조종도서관	경기	가평군	공공(일반)	031-580-4304
70	가평군 청평도서관	경기	가평군	공공(일반)	031-580-4330
71	가평군 한석봉도서관	경기	가평군	공공(일반)	031-580-4041
72	경기과천교육도서관	경기	과천시	공공(일반)	02-3677-0371
73	경기광주교육도서관	경기	광주시	공공(일반)	031-768-6921
74	경기김포교육도서관	경기	김포시	공공(일반)	031-985-3536
75	경기성남교육도서관	경기	성남 수정구	공공(일반)	031-730-3500
76	경기여주가남교육도서관	경기	여주시	공공(일반)	031-882-1066
77	경기의정부교육도서관	경기	의정부시	공공(일반)	031-836-9582
78	경기중앙교육도서관	경기	수원 장안구	공공(일반)	031-240-4064
79	경기평생교육학습관	경기	수원 권선구	공공(일반)	031-259-1028
80	경기평택교육도서관	경기	평택시	공공(일반)	031-8054-8401
81	경기포천교육도서관	경기	포천시	공공(일반)	031-531-8750
82	경기화성교육도서관	경기	화성시	공공(일반)	031-369-5700
83	고양시립 별꿈도서관	경기	고양 덕양구	공공(일반)	031-8075-9305

번호	도서관명	지역	시군구	도서관구분	전화번호
84	고양시립 신원도서관	경기	고양시 덕양구	공공(일반)	031-8075-9340
85	고양시립가좌도서관	경기	고양 일산서구	공공(일반)	031-8075-9380
86	고양시립높빛도서관	경기	고양시 덕양구	공공(일반)	031-8075-9400
87	고양시립대화도서관	경기	고양 일산서구	공공(일반)	031-8075-9130
88	고양시립덕이도서관	경기	고양 일산서구	공공(일반)	031-8075-9320
89	고양시립마두도서관	경기	고양 일산동구	공공(일반)	031-8075-9067
90	고양시립백석도서관	경기	고양 일산동구	공공(일반)	031-8075-9090
91	고양시립삼송도서관	경기	고양시 덕양구	공공(일반)	031-8075-9360
92	고양시립식사도서관	경기	고양 일산동구	공공(일반)	031-8075-9190
93	고양시립아람누리도서관	경기	고양 일산동구	공공(일반)	031-8075-9032
94	고양시립원당도서관	경기	고양시 덕양구	공공(일반)	031-8075-9260
95	고양시립일산도서관	경기	고양 일산서구	공공(일반)	031-8075-9420
96	고양시립풍동도서관	경기	고양 일산동구	공공(일반)	031-8075-9148
97	고양시립한뫼도서관	경기	고양 일산서구	공공(일반)	031-8075-9115
98	고양시립행신도서관	경기	고양시 덕양구	공공(일반)	031-8075-9240
99	고양시립화정도서관	경기	고양시 덕양구	공공(일반)	031-8075-9215
100	곤지암도서관	경기	광주시	공공(일반)	031-760-5666
101	과천시문원도서관	경기	과천시	공공(일반)	02-2150-3061
102	과천시정보과학도서관	경기	과천시	공공(일반)	02-2150-3008
103	광남도서관	경기		공공(일반)	031-760-4123
104	광명시 광명도서관	경기	광명시	공공(일반)	02-2680-6541
105	광명시소하도서관	경기	광명시	공공(일반)	02-2680-0930
106	광명시연서도서관	경기	광명시	공공(일반)	02-2680-6630
107	광명시철산도서관	경기	광명시	공공(일반)	02-2680-6820
108	광명시충현도서관	경기	광명시	공공(일반)	02-2680-6111
109	광명시하안도서관	경기	광명시	공공(일반)	02-2680-2871
110	광적도서관	경기	양주시	공공(일반)	031-8082-7482
111	광주시립중앙도서관	경기	광주시	공공(일반)	031-760-5674
112	교문방정환도서관	경기	구리시	공공(일반)	031-550-2593

번호	도서관명	지역	시군구	도서관구분	전화번호
113	교하도서관	경기	파주시	공공(일반)	031-940-5158
114	구리시갈매도서관	경기		공공(일반)	031-550-8936
115	구리시립토평도서관	경기	구리시	공공(일반)	031-550-8325
116	구리시인창도서관	경기	구리시	공공(일반)	031-550-2936
117	군포시 당동도서관	경기	군포시	공공(일반)	031-390-8810
118	군포시 대야도서관	경기	군포시	공공(일반)	031-501-5407
119	군포시 부곡도서관	경기	군포시	공공(일반)	031-390-4094
120	군포시 산본도서관	경기	군포시	공공(일반)	031-395-4316
121	군포시 중앙도서관	경기	군포시	공공(일반)	031-390-8866
122	금사도서관	경기	여주시	공공(일반)	031-887-3390
123	금촌3동솔빛도서관	경기	파주시	공공(일반)	031-944-8211
124	김포시고촌도서관	경기	김포시	공공(일반)	031-5186-4850
125	김포시마산도서관	경기	김포시	공공(일반)	031-5186-4890
126	김포시양곡도서관	경기	김포시	공공(일반)	031-5186-4830
127	김포시장기도서관	경기	김포시	공공(일반)	031-5186-4680
128	김포시중봉도서관	경기	김포시	공공(일반)	031-5186-4800
129	김포시통진도서관	경기	김포시	공공(일반)	031-5186-4980
130	김포시풍무도서관	경기	김포시	공공(일반)	031-5186-4870
131	남사도서관	경기	용인 처인구	공공(일반)	031-324-4735
132	남양주시 별내도서관	경기	남양주시	공공(일반)	031-590-8808
133	남양주시 오남도서관	경기	남양주시	공공(일반)	031-590-8531
134	남양주시 와부도서관	경기	남양주시	공공(일반)	031-590-8920
135	남양주이석영뉴미디어도서관	경기	남양주시	공공(일반)	031-595-8390
136	남양주시 정약용도서관	경기	남양주시	공공(일반)	031-590-2586
137	남양주시 진건도서관	경기	남양주시	공공(일반)	031-590-8260
138	남양주 진접푸른숲도서관	경기	남양주시	공공(일반)	031-590-5330
139	남양주시 퇴계원도서관	경기	남양주시	공공(일반)	031-590-3910
140	남양주시 평내도서관	경기	남양주시	공공(일반)	031-590-8562
141	남양주시 호평도서관	경기	남양주시	공공(일반)	031-590-8340

번호	도서관명	지역	시군구	도서관구분	전화번호
142	남양주시 화도도서관	경기	남양주시	공공(일반)	031-590-4587
143	남양주시진접도서관	경기	남양주시	공공(일반)	031-590-5310
144	노을빛도서관	경기	화성시	공공(일반)	031-226-3301
145	논골도서관	경기	성남 수정구	공공(일반)	031-729-4440
146	느티나무도서관	경기	용인 수지구	공공(일반)	031-262-3494
147	능평도서관	경기	광주시	공공(일반)	031-760-5912
148	대부도서관	경기	안산 단원구	공공(일반)	031-481-3956
149	대신도서관	경기	여주시	공공(일반)	031-887-3361
150	동두천꿈나무정보도서관	경기	동두천시	공공(일반)	031-860-3288
151	동두천시립도서관	경기	동두천시	공공(일반)	031-860-3261
152	동탄복합문화센터도서관	경기	화성시	공공(일반)	031-8015-8203
153	라이브러리 티티섬	경기	성남 중원구	공공(일반)	031-753-1219
154	만선도서관	경기	광주시	공공(일반)	031-769-3428
155	만화도서관	경기	부천시	공공(일반)	032-310-3054
156	목동이음터도서관	경기	화성시	공공(일반)	031-378-6771
157	물푸레도서관	경기	파주시	공공(일반)	031-944-5951
158	반월도서관	경기	안산 상록구	공공(일반)	031-481-2661
159	백운호수도서관	경기	의왕시	공공(일반)	031-345-3436
160	별빛도서관	경기	남양주시	공공(일반)	031-590-5350
161	보라도서관	경기	용인 기흥구	공공(일반)	031-324-4331
162	본오도서관	경기	안산 상록구	공공(일반)	031-481-3697
163	봉담도서관	경기	화성시	공공(일반)	031-227-7281
164	부천시립꿈빛도서관	경기	부천시	공공(일반)	032-625-4622
165	부천시립꿈여울도서관	경기	부천시	공공(일반)	032-625-4688
166	부천시립도당도서관	경기	부천시	공공(일반)	032-625-4500
167	부천시립동화도서관	경기	부천시	공공(일반)	032-625-4650
168	부천시립별빛마루도서관	경기	부천시	공공(일반)	032-625-9780
169	부천시립북부도서관	경기	부천시	공공(일반)	032-625-4605
170	부천시립상동도서관	경기	부천시	공공(일반)	032-625-4705

번호	도서관명	지역	시군구	도서관구분	전화번호
171	부천시립송내도서관	경기	부천시	공공(일반)	032-625-4511
172	부천시립수주도서관	경기	부천시	공공(일반)	032-625-3063
173	부천시립심곡도서관	경기	부천시	공공(일반)	032-625-4588
174	부천시립역곡도서관	경기	부천시	공공(일반)	032-625-4594
175	부천시립역곡밝은도서관	경기		공공(일반)	032-625-4577
176	부천시립오정도서관	경기	부천시	공공(일반)	032-625-4106
177	부천시립원미도서관	경기	부천시	공공(일반)	032-625-4735
178	부천시립책마루도서관	경기	부천시	공공(일반)	032-625-4645
179	부천시립한울빛도서관	경기	부천시	공공(일반)	032-625-4670
180	사랑샘도서관	경기	수원 영통구	공공(일반)	031-548-5660
181	상록수도서관	경기		공공(일반)	031-481-3035
182	상현도서관	경기	용인 수지구	공공(일반)	031-324-4121
183	서농도서관	경기	용인 기흥구	공공(일반)	031-324-4533
184	서연이음터도서관	경기	화성시	공공(일반)	031-378-1352
185	선부도서관	경기	안산 단원구	공공(일반)	031-481-3888
186	성남시 서현도서관	경기	성남 분당구	공공(일반)	031-729-8700
187	성남시 위례도서관	경기	성남 수정구	공공(일반)	031-729-8950
188	성남시 책테마파크도서관	경기	성남 분당구	공공(일반)	031-729-1763
189	성남시구미도서관	경기	성남 분당구	공공(일반)	031-729-4700
190	성남시무지개도서관	경기	성남 분당구	공공(일반)	031-729-4770
191	성남시복정도서관	경기	성남 수정구	공공(일반)	031-729-8710
192	성남시분당도서관	경기	성남 분당구	공공(일반)	031-729-4800
193	성남시수정도서관	경기	성시 수정구	공공(일반)	031-743-9600
194	성남시운중도서관	경기	성남시 분당구	공공(일반)	031-729-4370
195	성남시중앙도서관	경기	성남 분당구	공공(일반)	031-729-4500
196	성남시중원도서관	경기	성남 중원구	공공(일반)	031-752-3913
197	성복도서관	경기	용인 수지구	공공(일반)	031-324-4726
198	세종도서관	경기	여주시	공공(일반)	031-887-2861
199	소래빛도서관	경기	시흥시	공공(일반)	031-310-5245

번호	도서관명	지역	시군구	도서관구분	전화번호
200	소리울도서관	경기	오산시	공공(일반)	031-8036-6670
201	수암도서관	경기	안산 상록구	공공(일반)	031-481-3968
202	수원시광교푸른숲도서관	경기	수원 영통구	공공(일반)	031-228-3537
203	수원시광교홍재도서관	경기	수원 영통구	공공(일반)	031-228-4812
204	수원시대추골도서관	경기	수원 장안구	공공(일반)	031-228-4816
205	수원시망포글빛도서관	경기	수원 영통구	공공(일반)	031-228-4291
206	수원시매여울도서관	경기	수원 영통구	공공(일반)	031-228-3571
207	수원시버드내도서관	경기	수원 권선구	공공(일반)	031-228-4762
208	수원시북수원도서관	경기	수원 장안구	공공(일반)	031-228-4776
209	수원시서수원도서관	경기	수원 권선구	공공(일반)	031-228-4746
210	수원시선경도서관	경기	수원 팔달구	공공(일반)	031-228-4721
211	수원시영통도서관	경기	수원 영통구	공공(일반)	031-228-4758
212	수원시일월도서관	경기	수원 장안구	공공(일반)	031-228-4890
213	수원시중앙도서관	경기	수원 팔달구	공공(일반)	031-228-4788
214	수원시창룡도서관	경기	수원 팔달구	공공(일반)	031-228-4881
215	수원시태장마루도서관	경기	수원 영통구	공공(일반)	031-228-4828
216	수원시한림도서관	경기	수원 권선구	공공(일반)	031-228-4855
217	수원시호매실도서관	경기	수원 권선구	공공(일반)	031-228-4658
218	수원시화서다산도서관	경기	수원 팔달구	공공(일반)	031-228-3544
219	술이홀도서관	경기	파주시	공공(일반)	031-940-5082
220	시흥시 목감도서관	경기	시흥시	공공(일반)	031-310-2595
221	시흥시군자도서관	경기	시흥시	공공(일반)	031-310-5191
222	시흥시능곡도서관	경기	시흥시	공공(일반)	031-310-2551
223	시흥시대야도서관	경기	시흥시	공공(일반)	031-310-5274
224	시흥시매화도서관	경기	시흥시	공공(일반)	031-310-5253
225	시흥시배곧도서관	경기	시흥시	공공(일반)	031-310-5280
226	시흥시신천도서관	경기	시흥시	공공(일반)	031-310-5253
227	시흥시장곡도서관	경기	시흥시	공공(일반)	031-310-5233
228	시흥시중앙도서관	경기	시흥시	공공(일반)	031-310-5230

번호	도서관명	지역	시군구	도서관구분	전화번호
229	안산미디어도서관	경기	안산 단원구	공공(일반)	031-481-3961
230	안산시 감골도서관	경기	안산 상록구	공공(일반)	031-481-3706
231	안산시 부곡도서관	경기	안산 상록구	공공(일반)	031-481-3602
232	안산시 일동도서관	경기	안산 상록구	공공(일반)	031-481-3714
233	안산시관산도서관	경기	안산 단원구	공공(일반)	031-481-3884
234	안산시성포도서관	경기	안산 상록구	공공(일반)	031-481-2757
235	안산시중앙도서관	경기	안산 단원구	공공(일반)	031-481-2702
236	안성시 공도도서관	경기	안성시	공공(일반)	031-678-3210
237	안성시 보개도서관	경기	안성시	공공(일반)	031-678-5330
238	안성시 아양도서관	경기	안성시	공공(일반)	031-678-0730
239	안성시 일죽도서관	경기	안성시	공공(일반)	031-678-3230
240	안성시 중앙도서관	경기	안성시	공공(일반)	031-676-7942
241	안성시 진사도서관	경기	안성시	공공(일반)	031-678-4090
242	안양시립관양도서관	경기	안양 동안구	공공(일반)	031-8045-6321
243	안양시립비산도서관	경기	안양 동안구	공공(일반)	031-8045-6243
244	안양시립삼덕도서관	경기	안양 만안구	공공(일반)	031-8045-6350
245	안양시만안도서관	경기	안양 만안구	공공(일반)	031-8045-6160
246	안양시박달도서관	경기	안양 만안구	공공(일반)	031-8045-6183
247	안양시벌말도서관	경기	안양 동안구	공공(일반)	031-8045-6301
248	안양시석수도서관	경기	안양 만안구	공공(일반)	031-8045-6103
249	안양시평촌도서관	경기	안양 동안구	공공(일반)	031-8045-6222
250	안양시호계도서관	경기	안양 동안구	공공(일반)	031-8045-6261
251	양벌도서관	경기	광주시	공공(일반)	031-760-4130
252	양산도서관	경기	오산시	공공(일반)	031-8036-6162
253	양주시 고읍도서관	경기	양주시	공공(일반)	031-8082-7440
254	양주시 남면도서관	경기	양주시	공공(일반)	031-8082-7430
255	양주시 덕계도서관	경기	양주시	공공(일반)	031-8082-7450
256	양주시덕정도서관	경기	양주시	공공(일반)	031-8082-7424
257	양주시립꿈나무도서관	경기	양주시	공공(일반)	031-8082-7402

번호	도서관명	지역	시군구	도서관구분	전화번호
258	양주희망도서관	경기	양주시	공공(일반)	031-8082-7463
259	양평 양서친환경도서관	경기	양평군	공공(일반)	031-770-2592
260	양평군립양동도서관	경기	양평군	공공(일반)	031-770-2571
261	양평군립중앙도서관	경기	양평군	공공(일반)	031-770-2730
262	양평군립지평도서관	경기	양평군	공공(일반)	031-770-2562
263	양평용문도서관	경기	양평군	공공(일반)	031-770-2789
264	여주기적의도서관	경기	여주시	공공(일반)	031-887-2965
265	여주도서관	경기	여주시	공공(일반)	031-887-3300
266	연천군 중앙도서관	경기	연천군	공공(일반)	031-839-4411
267	연천도서관	경기	연천군	공공(일반)	031-839-4401
268	영덕도서관	경기		공공(일반)	031-324-2781
269	오산시 꿈두레도서관	경기	오산시	공공(일반)	031-8036-6520
270	오산시 중앙도서관	경기	오산시	공공(일반)	031-8036-6140
271	오산시 청학도서관	경기	오산시	공공(일반)	031-8036-6490
272	오산시초평도서관	경기	오산시	공공(일반)	031-8036-6142
273	오포도서관	경기	광주시	공공(일반)	031-760-5697
274	옥정호수도서관	경기	양주시	공공(일반)	031-8082-7477
275	왕배푸른숲도서관	경기	화성시	공공(일반)	031-372-4435
276	용인시 기흥도서관	경기	용인 기흥구	공공(일반)	031-324-4753
277	용인시 동백도서관	경기	용인 기흥구	공공(일반)	031-324-4651
278	용인시 모현도서관	경기	용인 처인구	공공(일반)	031-324-4351
279	용인시 청덕도서관	경기	용인 기흥구	공공(일반)	031-324-2991
280	용인시 흥덕도서관	경기	용인 기흥구	공공(일반)	031-324-4141
281	용인시구갈희망누리도서관	경기	용인 기흥구	공공(일반)	031-324-3417
282	용인시구성도서관	경기	용인 기흥구	공공(일반)	031-324-4131
283	용인시수지도서관	경기	용인 수지구	공공(일반)	031-324-8971
284	용인시양지해밀도서관	경기	용인 처인구	공공(일반)	031-324-4625
285	용인시죽전도서관	경기	용인 수지구	공공(일반)	031-324-4641
286	용인시포곡도서관	경기	용인 처인구	공공(일반)	031-324-4631

번호	도서관명	지역	시군구	도서관구분	전화번호
287	용인중앙도서관	경기	용인 처인구	공공(일반)	031-324-4610
288	원고잔도서관	경기	안산 단원구	공공(일반)	031-481-3876
289	월곶도서관	경기	시흥시	공공(일반)	031-310-5252
290	월롱도서관	경기	파주시	공공(일반)	031-940-8570
291	월피예술도서관	경기		공공(일반)	031-369-1754
292	의왕시 포일어울림도서관	경기	의왕시	공공(일반)	031-345-2792
293	의왕시내손도서관	경기	의왕시	공공(일반)	031-345-2634
294	의왕시중앙도서관	경기	의왕시	공공(일반)	031-345-3641
295	의정부과학도서관	경기	의정부시	공공(일반)	031-828-8670
296	의정부미술도서관	경기	의정부시	공공(일반)	031-828-8870
297	의정부영어도서관	경기	의정부시	공공(일반)	031-828-8712
298	의정부음악도서관	경기	의정부시	공공(일반)	031-828-4850
299	의정부정보도서관	경기	의정부시	공공(일반)	031-828-8702
300	이동꿈틀도서관	경기	용인 처인구	공공(일반)	031-324-4660
301	이천시립도서관	경기	이천시	공공(일반)	031-644-4351
302	이천시립마장도서관	경기	이천시	공공(일반)	031-645-3440
303	이천시립효양도서관	경기	이천시	공공(일반)	031-644-4391
304	이천시청미도서관	경기	이천시	공공(일반)	031-644-4371
305	적성도서관	경기	파주시	공공(일반)	031-940-8551
306	점동도서관	경기	여주시	공공(일반)	031-887-3331
307	정남도서관	경기	화성시	공공(일반)	031-8059-4946
308	조리도서관	경기	파주시	공공(일반)	031-944-2945
309	초월도서관	경기	광주시	공공(일반)	031-760-5688
310	탄현도서관	경기	파주시	공공(일반)	031-940-8457
311	퇴촌도서관	경기	광주시	공공(일반)	031-768-5205
312	파주시립중앙도서관광탄분관	경기	파주시	공공(일반)	031-940-5826
313	파주시립중앙도서관금촌분관	경기	파주시	공공(일반)	031-940-4388
314	파주시립중앙도서관문산분관	경기	파주시	공공(일반)	031-940-8432
315	파주시립중앙도서관법원분관	경기	파주시	공공(일반)	031-940-4194

번호	도서관명	지역	시군구	도서관구분	전화번호
316	파주시중앙도서관	경기	파주시	공공(일반)	031-940-5661
317	파평도서관	경기	파주시	공공(일반)	031-940-5990
318	판교도서관	경기	성남시 분당구	공공(일반)	031-729-4900
319	평택시립 비전도서관	경기	평택시	공공(일반)	031-8024-5477
320	평택시립 진위도서관	경기	평택시	공공(일반)	031-8024-7453
321	평택시립배다리도서관	경기	평택시	공공(일반)	031-8024-5467
322	평택시립세교도서관	경기	평택시	공공(일반)	031-8024-5447
323	평택시립안중도서관	경기	평택시	공공(일반)	031-8024-8346
324	평택시립오성도서관	경기	평택시	공공(일반)	031-8024-8565
325	평택시립장당도서관	경기	평택시	공공(일반)	031-8024-7465
326	평택시립청북도서관	경기	평택시	공공(일반)	031-8024-8582
327	평택시립팽성도서관	경기	평택시	공공(일반)	031-8024-5481
328	포천시립가산도서관	경기	포천시	공공(일반)	031-538-3981
329	포천시립선단도서관	경기	포천시	공공(일반)	031-538-3990
330	포천시립소흘도서관	경기	포천시	공공(일반)	031-538-3951
331	포천시립영북도서관	경기	포천시	공공(일반)	031-538-3972
332	포천시립영중꿈나무도서관	경기	포천시	공공(일반)	031-538-3945
333	포천시립일동도서관	경기	포천시	공공(일반)	031-538-3931
334	포천시립중앙도서관	경기	포천시	공공(일반)	031-538-3912
335	하남시 나룰도서관	경기	하남시	공공(일반)	031-790-6887
336	하남시 덕풍도서관	경기	하남시	공공(일반)	031-790-6959
337	하남시디지털도서관	경기	하남시	공공(일반)	031-790-6811
338	하남시미사도서관	경기	하남시	공공(일반)	031-790-6884
339	하남시세미도서관	경기	하남시	공공(일반)	031-790-6804
340	하남시신장도서관	경기	하남시	공공(일반)	031-790-6945
341	하남시위례도서관	경기	하남시	공공(일반)	031-790-6036
342	하남시일가도서관	경기	하남시	공공(일반)	031-5182-1046
343	한국장학재단-은행권 제1호 대학생연합생활관 인성교육관 도서관	경기	고양 덕양구	공공(일반)	031-920-7220

번호	도서관명	지역	시군구	도서관구분	전화번호
346	한울도서관	경기	파주시	공공(일반)	031-940-5007
347	해밀도서관	경기	부천시	공공(일반)	032-650-4600
348	해솔도서관	경기	파주시	공공(일반)	031-940-5141
349	해오름도서관	경기	성남 중원구	공공(일반)	031-729-8770
350	행복어린이도서관	경기	파주시	공공(일반)	031-940-8571
351	화성시 다원이음터도서관	경기	화성시	공공(일반)	031-372-9611
352	화성시 동탄중앙이음터도서관	경기	화성시	공공(일반)	031-378-7344
353	화성시 송린이음터도서관	경기	화성시	공공(일반)	031-356-9680
354	화성시 진안도서관	경기	화성시	공공(일반)	031-224-9977
355	화성시남양도서관	경기	화성시	공공(일반)	031-356-5241
356	화성시립송산도서관	경기	화성시	공공(일반)	031-355-5798
357	화성시병점도서관	경기	화성시	공공(일반)	031-226-1822
358	화성시삼괴도서관	경기	화성시	공공(일반)	031-358-2101
359	화성시태안도서관	경기	화성시	공공(일반)	031-223-4764
360	흥천도서관	경기	여주시	공공(일반)	031-887-3232
361	희망샘도서관	경기	수원 권선구	공공(일반)	031-291-6943
362	거제시립수양도서관	경남	거제시	공공(일반)	055-639-3891
363	거제시립아주도서관	경남	거제시	공공(일반)	055-639-7320
364	거제시립옥포도서관	경남	거제시	공공(일반)	055-639-3881
365	거제시립장승포도서관	경남	거제시	공공(일반)	055-639-3871
366	거제시립장평도서관	경남	거제시	공공(일반)	055-639-3861
367	거제시립하청도서관	경남	거제시	공공(일반)	055-639-3921
368	거창군립한마음도서관	경남	거창군	공공(일반)	055-940-8470
369	경남대표도서관	경남	창원 의창구	공공(일반)	055-254-4811
370	경상남도교육청 거제도서관	경남	거제시	공공(일반)	055-637-6311
371	경상남도교육청 거창도서관	경남	거창군	공공(일반)	055-944-8594
372	경상남도교육청 고성도서관	경남	고성군	공공(일반)	055-673-8437
373	경상남도교육청 김해도서관	경남	김해시	공공(일반)	055-320-5564
374	경남도교육청 김해지혜의바다도서관	경남	김해시	공공(일반)	055-330-9800

번호	도서관명	지역	시군구	도서관구분	전화번호
375	경남도교육청 남지도서관	경남	창녕군	공공(일반)	055-526-1490
376	경남도교육청 남해도서관	경남	남해군	공공(일반)	055-864-0973
377	경남도교육청 마산도서관	경남	창원 마산합포구	공공(일반)	055-240-4521
378	경남도교육청 마산지혜의바다도서관	경남	창원 마산회원구	공공(일반)	055-252-3860
379	경남도교육청 밀양도서관	경남	밀양시	공공(일반)	055-353-6970
380	경남도교육청 사천도서관	경남	사천시	공공(일반)	055-853-8406
381	경남도교육청 산청도서관	경남	산청군	공공(일반)	055-973-2547
382	경남도교육청 산청지리산도서관	경남	산청군	공공(일반)	055-974-1611
383	경남도교육청 삼천포도서관	경남	사천시	공공(일반)	055-835-4436
384	경남도교육청 양산도서관	경남	양산시	공공(일반)	055-385-7056
385	경남도교육청 의령도서관	경남	의령군	공공(일반)	055-572-0941
386	경남도교육청 진동도서관	경남	창원 마산합포구	공공(일반)	055-271-8145
387	경남도교육청 진양도서관	경남	진주시	공공(일반)	055-761-2722
388	경남도교육청 진영도서관	경남	김해시	공공(일반)	055-343-8792
389	경남도교육청 창녕도서관	경남	창녕군	공공(일반)	055-532-9504
390	경남도교육청 창원도서관	경남	창원 성산구	공공(일반)	055-278-2831
391	경남도교육청 통영도서관	경남	통영시	공공(일반)	055-648-8093
392	경남도교육청 하남도서관	경남	밀양시	공공(일반)	055-391-1848
393	경남도교육청 하동도서관	경남	하동군	공공(일반)	055-884-7981
394	경남도교육청 함안도서관	경남	함안군	공공(일반)	055-583-6919
395	경남도교육청 함양도서관	경남	함양군	공공(일반)	055-963-3186
396	경남도교육청 합천도서관	경남	합천군	공공(일반)	055-932-0936
397	고성동부도서관	경남	고성군	공공(일반)	055-670-2916
398	고향의봄도서관	경남	창원 의창구	공공(일반)	055-225-7371
399	김해율하도서관	경남	김해시	공공(일반)	055-340-7161
400	꿈이랑도서관	경남	통영시	공공(일반)	055-650-2500
401	내서도서관	경남	창원 마산회원구	공공(일반)	055-225-7491
402	동부도서관	경남	창원 진해구	공공(일반)	055-225-7531
403	마산합포도서관	경남	창원 마산합포구	공공(일반)	055-225-7441

번호	도서관명	지역	시군구	도서관구분	전화번호
404	마산회원도서관	경남	창원 마산회원구	공공(일반)	055-225-7471
405	명곡도서관	경남	창원 의창구	공공(일반)	055-225-7321
406	밀양시립도서관	경남	밀양시	공공(일반)	055-359-6027
407	밀양시립영어도서관	경남	밀양시	공공(일반)	055-359-6045
408	상남도서관	경남	창원 성산구	공공(일반)	055-225-7411
409	성산도서관	경남	창원 성산구	공공(일반)	055-225-7401
410	양산시립 서창도서관	경남	양산시	공공(일반)	055-392-5880
411	양산시립 영어도서관	경남	양산시	공공(일반)	055-392-5940
412	양산시립 웅상도서관	경남	양산시	공공(일반)	055-392-5950
413	양산시립 윤현진도서관	경남	양산시	공공(일반)	055-392-5870
414	양산시립 중앙도서관	경남	양산시	공공(일반)	055-392-5900
415	장유도서관	경남	김해시	공공(일반)	055-330-7461
416	중리초등복합시설도서관	경남	창원 마산회원구	공공(일반)	055-225-7492
417	진영한빛도서관	경남	김해시	공공(일반)	055-330-4831
418	진주시립서부도시관	경남	진주시	공공(일반)	055-749-5983
419	진주시립연암도서관	경남	진주시	공공(일반)	055-749-5982
420	진해도서관	경남	창원 진해구	공공(일반)	055-225-7511
421	창녕군 영산도서관	경남	창녕군	공공(일반)	055-530-1931
422	창원중앙도서관	경남	창원 성산구	공공(일반)	055-225-7331
423	최윤덕도서관	경남	창원 의창구	공공(일반)	055-225-7991
424	칠암도서관	경남	김해시	공공(일반)	055-330-4591
425	통영시립도서관	경남	통영시	공공(일반)	055-650-2630
426	통영시립욕지도서관	경남	통영시	공공(일반)	055-650-4580
427	통영시립충무도서관	경남	통영시	공공(일반)	055-650-2640
428	함안군립칠원도서관	경남	함안군	공공(일반)	055-580-3647
429	화전도서관	경남	남해군	공공(일반)	055-860-3864
430	화정글샘도서관	경남	김해시	공공(일반)	055-330-2970
431	감포도서관	경북	경주시	공공(일반)	054-779-8912
432	경북도서관	경북	예천군	공공(일반)	054-650-3923

번호	도서관명	지역	시군구	도서관구분	전화번호
433	경산시립도서관	경북	경산시	공공(일반)	053-853-8659
434	경산시립장산도서관	경북	경산시	공공(일반)	053-816-2240
435	경북도교육청 고령도서관	경북	고령군	공공(일반)	054-955-2510
436	경북도교육청 구미도서관	경북	구미시	공공(일반)	054-450-7000
437	경북도교육청 금호도서관	경북	영천시	공공(일반)	054-335-2124
438	경북도교육청 봉화도서관	경북	봉화군	공공(일반)	054-673-0973
439	경북도교육청 상주도서관	경북	상주시	공공(일반)	054-530-6300
440	경북도교육청 상주도서관화령분관	경북	상주시	공공(일반)	054-532-4754
441	경북도교육청 성주도서관	경북	성주군	공공(일반)	054-933-2095
442	경북도교육청 안동도서관	경북	안동시	공공(일반)	054-840-8414
443	경북도교육청 안동도서관용상분관	경북	안동시	공공(일반)	054-821-5491
444	경북도교육청 안동도서관풍산분관	경북	안동시	공공(일반)	054-858-7603
445	경북도교육청 영덕도서관	경북	영덕군	공공(일반)	054-734-3106
446	경북도교육청 영양도서관	경북	영양군	공공(일반)	054-683-2829
447	경북도교육청 영일도서관	경북	포항시 북구	공공(일반)	054-261-8856
448	경북도교육청 영주선비도서관	경북	영주시	공공(일반)	054-630-3800
449	경북도교육청 영주선비도서관풍기분관	경북	영주시	공공(일반)	054-637-9812
450	경북도교육청 예천도서관	경북	예천군	공공(일반)	054-652-9662
451	경북도교육청 외동도서관	경북	경주시	공공(일반)	054-776-6960
452	경북도교육청 울릉도서관	경북	울릉군	공공(일반)	054-791-2294
453	경북도교육청 울진도서관	경북	울진군	공공(일반)	054-783-2375
454	경북도교육청 의성도서관	경북	의성군	공공(일반)	054-834-7911
455	경북도교육청 점촌도서관	경북	문경시	공공(일반)	054-550-3600
456	경북도교육청 점촌도서관가은분관	경북	문경시	공공(일반)	054-572-0309
457	경북도교육청 청도도서관	경북	청도군	공공(일반)	054-370-7600
458	경북도교육청 청송도서관	경북	청송군	공공(일반)	054-872-4905
459	경북도교육청 칠곡도서관	경북	칠곡군	공공(일반)	054-971-1507
460	경상북도교육청문화원	경북	포항시 북구	공공(일반)	054-245-7768
461	경상북도교육청정보센터	경북	경산시	공공(일반)	053-810-9999

번호	도서관명	지역	시군구	도서관구분	전화번호
462	경주시립도서관	경북	경주시	공공(일반)	054-779-8891
463	경주중앙도서관	경북	경주시	공공(일반)	054-779-8961
464	구미시립봉곡도서관	경북	구미시	공공(일반)	054-480-2100
465	구미시립상모정수도서관	경북	구미시	공공(일반)	054-480-4732
466	구미시립선산도서관	경북	구미시	공공(일반)	054-482-2006
467	구미시립양포도서관	경북	구미시	공공(일반)	054-480-4770
468	구미시립인동도서관	경북	구미시	공공(일반)	054-480-4703
469	구미시립중앙도서관	경북	구미시	공공(일반)	054-480-4664
470	김천시립 율곡도서관	경북	김천시	공공(일반)	054-421-0221
471	김천시립도서관	경북	김천시	공공(일반)	054-437-7801
472	다산도서관	경북	고령군	공공(일반)	054-950-6276
473	단석도서관	경북	경주시	공공(일반)	054-779-8916
474	문경시립모전도서관	경북	문경시	공공(일반)	054-550-8901
475	문경시립문희도서관	경북	문경시	공공(일반)	054-550-8411
476	문경시립중앙도서관	경북	문경시	공공(일반)	054-550-8403
477	봉양 온누리터 도서관	경북	의성군	공공(일반)	054-834-5500
478	북삼도서관	경북	칠곡군	공공(일반)	054-979-5975
479	북울진도서관	경북	울진군	공공(일반)	054-782-1874
480	석적도서관	경북	칠곡군	공공(일반)	054-979-5985
481	성주군청사도서관	경북	성주군	공공(일반)	054-933-3269
482	송화도서관	경북	경주시	공공(일반)	054-779-8907
483	안동시립옹부도서관	경북	안동시	공공(일반)	054-840-3855
484	안동시립중앙도서관	경북	안동시	공공(일반)	054-858-5041
485	영주시립도서관	경북	영주시	공공(일반)	054-638-2550
486	영천시립도서관	경북	영천시	공공(일반)	054-339-7777
487	울진남부도서관	경북	울진군	공공(일반)	054-788-1107
488	의성군립도서관	경북	의성군	공공(일반)	054-830-6237
489	진보공공도서관	경북	청송군	공공(일반)	054-870-6595
490	칠곡군립도서관	경북	칠곡군	공공(일반)	054-979-6702

번호	도서관명	지역	시군구	도서관구분	전화번호
491	칠평도서관	경북	경주시	공공(일반)	054-779-8915
492	포항시립구룡포도서관	경북	포항시 남구	공공(일반)	054-270-5629
493	포항시립대잠도서관	경북	포항시 남구	공공(일반)	054-270-5680
494	포항시립동해석곡도서관	경북	포항시 남구	공공(일반)	054-270-4621
495	포항시립어린이영어도서관	경북	포항시 남구	공공(일반)	054-270-4384
496	포항시립연일도서관	경북	포항시 남구	공공(일반)	054-270-4626
497	포항시립영암도서관	경북	포항시 남구	공공(일반)	054-270-5685
498	포항시립오천도서관	경북	포항시 남구	공공(일반)	054-270-5692
499	포항시립포은중앙도서관	경북	포항시 북구	공공(일반)	054-270-4600
500	계림꿈나무도서관	광주	동구	공공(일반)	062-608-3920
501	광주광역시립디지털정보도서관	광주	동구	공공(일반)	062-613-7767
502	광주광역시립무등도서관	광주	북구	공공(일반)	062-613-7753
503	광주광역시립사직도서관	광주	남구	공공(일반)	062-613-7783
504	광주광역시립산수도서관	광주	동구	공공(일반)	062-613-7812
505	광주남구문화정보도서관	광주	남구	공공(일반)	062-607-2521
506	광주남구푸른길도서관	광주	남구	공공(일반)	062-607-2531
507	광주북구운암도서관	광주	북구	공공(일반)	062-410-6957
508	광주북구일곡도서관	광주	북구	공공(일반)	062-410-6851
509	광주서구공공도서관	광주	서구	공공(일반)	062-654-4306
510	광주송정다가치문화도서관	광주	광산구	공공(일반)	062-940-8900
511	광주중앙도서관	광주	동구	공공(일반)	062-607-1300
512	광주중앙도서관 분관 최상준도서관	광주	북구	공공(일반)	062-570-8103
513	광주학생교육문화회관	광주	서구	공공(일반)	062-380-8800
514	광주학생독립운동기념회관	광주	서구	공공(일반)	062-221-5500
515	금호평생교육관	광주	남구	공공(일반)	062-360-6600
516	남구 청소년도서관	광주	남구	공공(일반)	062-607-2541
517	상록도서관	광주	서구	공공(일반)	062-350-4591
518	서빛마루도서관	광주		공공(일반)	062-350-4032
519	신가도서관	광주	광산구	공공(일반)	062-960-8290

번호	도서관명	지역	시군구	도서관구분	전화번호
520	신용도서관	광주	북구	공공(일반)	062-410-6853
521	양산도서관	광주	북구	공공(일반)	062-410-8242
522	이야기꽃도서관	광주	광산구	공공(일반)	062-960-6813
523	장덕도서관	광주	광산구	공공(일반)	062-960-3989
524	중흥도서관	광주	북구	공공(일반)	062-410-6860
525	책정원도서관	광주		공공(일반)	062-608-4700
526	첨단도서관	광주	광산구	공공(일반)	062-960-8297
527	효천어울림도서관	광주	남구	공공(일반)	062-607-2552
528	2.28민주운동기념회관(도서관)	대구	중구	공공(일반)	053-257-2280
529	New평리도서관	대구		공공(일반)	053-663-3881
530	구수산도서관	대구	북구	공공(일반)	053-320-5150
531	국채보상운동기념도서관	대구	중구	공공(일반)	053-231-2000
532	꿈꾸는마을도서관 도토리	대구	북구	공공(일반)	053-327-0645
533	달서가족문화도서관	대구	달서구	공공(일반)	053-667-4970
534	달서구립도원도서관	대구	달서구	공공(일반)	053-667-4822
535	달서구립본리도서관	대구	달서구	공공(일반)	053-667-4930
536	달서구립성서도서관	대구	달서구	공공(일반)	053-667-4900
537	달서영어도서관	대구	달서구	공공(일반)	053-667-4950
538	달성군립도서관	대구	달성군	공공(일반)	053-584-0011
539	대구 동구 신천도서관	대구	동구	공공(일반)	053-980-2600
540	대구2.28기념학생도서관	대구	동구	공공(일반)	053-231-2841
541	대구광역시교육청삼국유사군위도서관	대구	군위군	공공(일반)	054-380-4289
542	대구광역시립남부도서관	대구	남구	공공(일반)	053-231-2301
543	대구광역시립달성도서관	대구	달성군	공공(일반)	053-231-2150
544	대구광역시립동부도서관	대구	동구	공공(일반)	053-231-2200
545	대구광역시립두류도서관	대구	달서구	공공(일반)	053-231-2700
546	대구광역시립북부도서관	대구	북구	공공(일반)	053-231-2600
547	대구광역시립서부도서관	대구	서구	공공(일반)	053-231-2400
548	대구광역시립수성도서관	대구	수성구	공공(일반)	053-231-2500

번호	도서관명	지역	시군구	도서관구분	전화번호
549	대구광역시북구대현도서관	대구	북구	공공(일반)	053-320-5171
550	대구북구태전도서관	대구	북구	공공(일반)	053-320-5180
551	대명어울림도서관	대구	남구	공공(일반)	053-664-3552
552	더불어 숲	대구	북구	공공(일반)	053-326-0937
553	동구구립 안심도서관	대구	동구	공공(일반)	053-980-2600
554	동일공공도서관	대구	동구	공공(일반)	053-755-6003
555	비원도서관	대구	서구	공공(일반)	053-663-3871
556	비전도서관	대구	달성군	공공(일반)	053-639-2140
557	사립공공 연암도서관	대구	북구	공공(일반)	053-956-4422
558	새벗도서관	대구	달서구	공공(일반)	053-631-9105
559	서구 비산도서관	대구	서구	공공(일반)	053-663-3721
560	서구영어도서관	대구	서구	공공(일반)	053-663-3861
561	수성구립 무학숲도서관	대구	수성구	공공(일반)	053-668-1821
562	수성구립 용학도서관	대구	수성구	공공(일반)	053-668-1700
563	수성구립 책숲길도서관	대구	수성구	공공(일반)	053-668-1650
564	수성구립 파동도서관	대구	수성구	공공(일반)	053-668-1751
565	수성구립고산도서관	대구	수성구	공공(일반)	053-668-1900
566	수성구립범어도서관	대구	수성구	공공(일반)	053-668-1600
567	수성구립황금책문화센터도서관	대구		공공(일반)	053-668-1660
568	원고개도서관	대구	서구	공공(일반)	053-663-3941
569	이천 어울림 도서관	대구	남구	공공(일반)	053-664-3571
570	푸른초장공공도서관	대구	달서구	공공(일반)	053-582-3394
571	한들마을도서관	대구	동구	공공(일반)	053-985-1513
572	가수원도서관	대전	서구	공공(일반)	042-288-4770
573	갈마도서관	대전	서구	공공(일반)	042-288-4740
574	관평도서관	대전	유성구	공공(일반)	042-716-0350
575	구암도서관	대전	유성구	공공(일반)	042-611-6631
576	구즉도서관	대전	유성구	공공(일반)	042-611-6510
577	노은도서관	대전	유성구	공공(일반)	042-611-6612

번호	도서관명	지역	시군구	도서관구분	전화번호
578	대전광역시한밭도서관	대전	중구	공공(일반)	042-270-7420
579	대전동구가오도서관	대전	동구	공공(일반)	042-259-7051
580	대전동구용운도서관	대전	동구	공공(일반)	042-259-7021
581	대전동구판암도서관	대전	동구	공공(일반)	042-259-7071
582	대전둔산도서관	대전	서구	공공(일반)	042-288-4800
583	대전학생교육문화원	대전	중구	공공(일반)	042-229-1470
584	무지개도서관	대전	동구	공공(일반)	042-259-7041
585	송촌도서관	대전	대덕구	공공(일반)	042-608-5513
586	신탄진도서관	대전	대덕구	공공(일반)	042-608-5511
587	아가랑도서관	대전	유성구	공공(일반)	042-611-6526
588	안산도서관	대전	대덕구	공공(일반)	042-608-5512
589	원신흥도서관	대전	유성구	공공(일반)	042-611-6970
590	월평도서관	대전	서구	공공(일반)	042-288-4870
591	유성도서관	대전	유성구	공공(일반)	042-611-6530
592	자양도서관	대전	동구	공공(일반)	042-259-7422
593	전민도서관	대전		공공(일반)	042-389-0350
594	진잠도서관	대전	유성구	공공(일반)	042-611-6590
595	홍도도서관	대전	동구	공공(일반)	042-259-7571
596	고촌어울림도서관	부산	기장군	공공(일반)	051-709-5381
597	교리도서관	부산	기장군	공공(일반)	051-709-5371
598	금곡도서관	부산	북구	공공(일반)	051-309-6181
599	금샘도서관	부산	금정구	공공(일반)	051-519-5900
600	금정도서관	부산	금정구	공공(일반)	051-519-5612
601	기장도서관	부산	기장군	공공(일반)	051-724-3071
602	남구도서관	부산	남구	공공(일반)	051-621-8160
603	내리새라도서관	부산	기장군	공공(일반)	051-709-3967
604	느티나무도서관	부산	해운대구	공공(일반)	051-542-1590
605	다대도서관	부산	사하구	공공(일반)	051-220-5861
606	대라다목적도서관	부산	기장군	공공(일반)	051-709-3961

번호	도서관명	지역	시군구	도서관구분	전화번호
608	동래읍성도서관	부산	동래구	공공(일반)	051-550-6902
609	만덕도서관	부산	북구	공공(일반)	051-309-2097
610	망미도서관	부산	수영구	공공(일반)	051-610-4704
611	맨발동무도서관	부산	북구	공공(일반)	051-333-2263
612	반여도서관	부산	해운대구	공공(일반)	051-783-4010
613	부산강서도서관	부산	강서구	공공(일반)	051-970-4067
614	부산광역시 남구 분포도서관	부산	남구	공공(일반)	051-607-3642
615	부산광역시립구덕도서관	부산	서구	공공(일반)	051-220-3800
616	부산광역시립구포도서관	부산	북구	공공(일반)	051-330-6300
617	부산광역시립명장도서관	부산	동래구	공공(일반)	051-527-0583
618	부산광역시립반송도서관	부산	해운대구	공공(일반)	051-545-0102
619	부산광역시립부전도서관	부산	부산진구	공공(일반)	051-802-5901
620	부산광역시립사하도서관	부산	사하구	공공(일반)	051-961-2700
621	부산광역시립서동도서관	부산	금정구	공공(일반)	051-522-0456
622	부산광역시립시민도서관	부산	부산진구	공공(일반)	051-810-8200
623	부산광역시립연산도서관	부산	연제구	공공(일반)	051-792-5400
624	부산광역시립중앙도서관	부산	중구	공공(일반)	051-250-0300
625	부산광역시립중앙도서관수정분관	부산	동구	공공(일반)	051-440-0300
626	부산광역시립해운대도서관	부산	해운대구	공공(일반)	051-709-0932
627	부산도서관	부산	사상구	공공(일반)	051-310-5400
628	부산시청열린도서관	부산		공공(일반)	051-888-2049
629	부산영어도서관	부산	부산진구	공공(일반)	051-818-2800
630	사상도서관	부산	사상구	공공(일반)	051-310-7971
631	수영구도서관	부산	수영구	공공(일반)	051-610-3972
632	안락누리도서관	부산	동래구	공공(일반)	051-550-6911
633	연제도서관	부산	연제구	공공(일반)	051-665-5511
634	영도도서관	부산	영도구	공공(일반)	051-419-4821
635	정관도서관	부산	기장군	공공(일반)	051-709-3904
636	지사도서관	부산	강서구	공공(일반)	051-970-2777

번호	도서관명	지역	시군구	도서관구분	전화번호
637	해운대도서관 우동분관	부산	해운대구	공공(일반)	051-742-2167
638	해운대인문학도서관	부산	해운대구	공공(일반)	051-749-6580
639	화명도서관	부산	북구	공공(일반)	051-309-6483
640	4.19 혁명기념 도서관	서울	종로구	공공(일반)	02-730-4190
641	가락몰도서관	서울	송파구	공공(일반)	02-3435-0950
642	가온도서관	서울	중구	공공(일반)	02-2230-2921
643	갈산도서관	서울	양천구	공공(일반)	02-2645-5919
644	강남구립 역삼푸른솔 도서관	서울	강남구	공공(일반)	02-2051-1178
645	강남구립개포하늘꿈도서관	서울	강남구	공공(일반)	02-451-1511
646	강남구립못골도서관	서울	강남구	공공(일반)	02-459-5522
647	강남구립열린도서관	서울	강남구	공공(일반)	02-3412-3970
648	강동구립강일도서관	서울	강동구	공공(일반)	02-427-4004
649	강동구립둔촌도서관	서울	강동구	공공(일반)	02-489-6557
650	강동구립성내도서관	서울	강동구	공공(일반)	02-471-0044
651	강동구립암사도서관	서울	강동구	공공(일반)	02-429-0476
652	강동구립천호도서관	서울	강동구	공공(일반)	02-488-7223
653	강동구립해공도서관	서울	강동구	공공(일반)	02-478-9656
654	강북문화정보도서관	서울	강북구	공공(일반)	02-944-3100
655	강북청소년문화정보도서관	서울	강북구	공공(일반)	02-944-3141
656	강서구립 곰달래도서관	서울	강서구	공공(일반)	02-2065-3785
657	강서구립 등빛도서관	서울	강서구	공공(일반)	02-3664-6990
658	강서구립 푸른들청소년도서관	서울	강서구	공공(일반)	02-2691-1630
659	강서구립가양도서관	서울	강서구	공공(일반)	02-3665-8797
660	강서구립우장산숲속도서관	서울	강서구	공공(일반)	02-2696-6690
661	강서영어도서관	서울	강서구	공공(일반)	02-2061-2270
662	개봉도서관	서울	구로구	공공(일반)	02-2689-1695
663	개울건강도서관	서울	양천구	공공(일반)	02-2603-5919
664	거마도서관	서울	송파구	공공(일반)	02-449-2332
665	고척열린도서관	서울		공공(일반)	02-2615-2006

번호	도서관명	지역	시군구	도서관구분	전화번호
666	관악중앙도서관	서울	관악구	공공(일반)	02-828-5700
667	광진정보도서관	서울	광진구	공공(일반)	02-3437-5095
668	구로구립 온누리도서관	서울	구로구	공공(일반)	02-858-9080
669	구로기적의도서관	서울	구로구	공공(일반)	02-2632-8878
670	구로꿈나무도서관	서울	구로구	공공(일반)	02-830-1623
671	구립구산동도서관마을	서울	은평구	공공(일반)	02-357-0100
672	구립상림도서관	서울	은평구	공공(일반)	02-383-7557
673	구립은평뉴타운도서관	서울	은평구	공공(일반)	02-6341-6400
674	구립증산정보도서관	서울	은평구	공공(일반)	02-307-6030
675	구의제3동도서관	서울	광진구	공공(일반)	02-454-6294
676	군자동도서관	서울	광진구	공공(일반)	02-2049-2960
677	글빛도서관	서울	성북구	공공(일반)	02-6956-0559
678	글빛정보도서관	서울	관악구	공공(일반)	02-878-7460
679	금천구립가산도서관	서울	금천구	공공(일반)	02-865-6817
680	금천구립금나래도서관	서울	금천구	공공(일반)	02-2627-2991
681	금천구립독산도서관	서울	금천구	공공(일반)	02-863-9544
682	금천구립시흥도서관	서울	금천구	공공(일반)	02-809-8242
683	김근태기념도서관	서울	도봉구	공공(일반)	02-956-3100
684	김영삼도서관	서울	동작구	공공(일반)	02-827-0557
685	까망돌도서관	서울	동작구	공공(일반)	02-815-3701
686	꿈마을 도서관	서울	구로구	공공(일반)	02-830-5807
687	내를건너서숲으로도서관	서울	은평구	공공(일반)	02-307-6701
688	노원중앙도서관	서울	노원구	공공(일반)	02-950-0050
689	논현도서관	서울	강남구	공공(일반)	02-3443-7650
690	논현문화마루도서관	서울		공공(일반)	02-512-8580
691	다산성곽도서관	서울	중구	공공(일반)	02-2230-2965
692	달빛마루도서관	서울	성북구	공공(일반)	02-911-0993
693	대림도서관	서울	영등포구	공공(일반)	02-828-3700
694	대치도서관	서울	강남구	공공(일반)	02-565-6666

번호	도서관명	지역	시군구	도서관구분	전화번호
695	도곡정보문화도서관	서울	강남구	공공(일반)	02-2176-0781
696	도봉문화정보도서관	서울	도봉구	공공(일반)	02-900-1835
697	돌마리도서관	서울	송파구	공공(일반)	02-414-7007
698	동대문구 답십리 도서관	서울	동대문구	공공(일반)	02-982-1959
699	동대문구정보화도서관	서울	동대문구	공공(일반)	02-960-1959
700	동대문책마당도서관	서울	동대문구	공공(일반)	02-2127-4116
701	라이브러리피치	서울	종로구	공공(일반)	02-6953-1230
702	마포구립서강도서관	서울	마포구	공공(일반)	02-3141-7053
703	마포소금나루도서관	서울	마포구	공공(일반)	02-3153-1600
704	마포중앙도서관	서울	마포구	공공(일반)	02-3153-5800
705	명성교회도서관	서울	강동구	공공(일반)	02-440-9140
706	목마교육도서관	서울	양천구	공공(일반)	02-2652-5919
707	문래도서관	서울	영등포구	공공(일반)	02-2629-8600
708	미감도서관	서울	양천구	공공(일반)	02-2653-5919
709	미아문화정보도서관	서울	강북구	공공(일반)	02-944-3182
710	방배도서관	서울	서초구	공공(일반)	02-3471-3993
711	방아다리문학도서관	서울	양천구	공공(일반)	02-2604-5919
712	배봉산 숲속도서관	서울	동대문구	공공(일반)	02-2212-8502
713	불암도서관	서울	노원구	공공(일반)	070-7718-2382
714	사당솔밭도서관	서울	동작구	공공(일반)	02-585-8411
715	상계도서관	서울	노원구	공공(일반)	02-3391-7882
716	서대문구립이진아기념도서관	서울	서대문구	공공(일반)	02-360-8600
717	서대문구립홍은도담도서관	서울	서대문구	공공(일반)	02-360-8640
718	서울도서관	서울	중구	공공(일반)	02-2133-0202
719	서울특별시교육청강남도서관	서울	강남구	공공(일반)	02-3448-4741
720	서울특별시교육청강동도서관	서울	강동구	공공(일반)	02-2225-9800
721	서울특별시교육청강서도서관	서울	강서구	공공(일반)	02-3219-7000
722	서울특별시교육청개포도서관	서울	강남구	공공(일반)	02-3460-8200
723	서울특별시교육청고덕평생학습관	서울	강동구	공공(일반)	02-6902-2600

번호	도서관명	지역	시군구	도서관구분	전화번호
724	서울시교육청고척도서관	서울	구로구	공공(일반)	02-2680-2415
725	서울시교육청구로도서관	서울	구로구	공공(일반)	02-6958-2800
726	서울시교육청남산도서관	서울	용산구	공공(일반)	02-754-7338
727	서울시교육청노원평생학습관	서울	노원구	공공(일반)	02-979-1741
728	서울시교육청도봉도서관	서울	도봉구	공공(일반)	02-6714-7400
729	서울시교육청동대문도서관	서울	동대문구	공공(일반)	02-2170-1000
730	서울시교육청동작도서관	서울	동작구	공공(일반)	02-823-6417
731	서울시교육청마포평생학습관	서울	마포구	공공(일반)	02-2137-0000
732	서울시교육청마포평생학습관 아현분관	서울	마포구	공공(일반)	02-362-8785
733	서울시교육청서대문도서관	서울	서대문구	공공(일반)	02-6948-2115
734	서울시교육청송파도서관	서울	송파구	공공(일반)	02-3434-3333
735	서울시교육청양천도서관	서울	양천구	공공(일반)	02-2062-3900
736	서울시교육청영등포평생학습관	서울	영등포구	공공(일반)	02-6712-7500
737	서울시교육청용산도서관	서울	용산구	공공(일반)	02-6902-7777
738	서울시교육청정독도서관	서울	종로구	공공(일반)	02-2011-5799
739	서울시교육청종로도서관	서울	종로구	공공(일반)	02-721-0713
740	서이도서관	서울	서초구	공공(일반)	02-3471-1337
741	서초구립내곡도서관	서울	서초구	공공(일반)	02-3461-3007
742	서초구립반포도서관	서울	서초구	공공(일반)	02-520-8700
743	서초구립방배숲환경도서관	서울	서초구	공공(일반)	02-537-6001
744	서초구립양재도서관	서울	서초구	공공(일반)	02-3486-4050
745	서초그림책도서관	서울	서초구	공공(일반)	02-3471-0995
746	서초청소년도서관	서울	서초구	공공(일반)	02-3486-9543
747	석관동미리내도서관	서울	성북구	공공(일반)	02-960-5067
748	선유도서관	서울	영등포구	공공(일반)	02-2163-0800
749	성동구립금호도서관	서울	성동구	공공(일반)	02-2204-6450
750	성동구립도서관	서울	성동구	공공(일반)	02-2204-6420
751	성동구립매봉산숲속도서관	서울	성동구	공공(일반)	02-2204-6485
752	성동구립무지개도서관	서울	성동구	공공(일반)	02-2286-6025

번호	도서관명	지역	시군구	도서관구분	전화번호
753	성동구립성수도서관	서울	성동구	공공(일반)	02-2204-7590
754	성동구립용답도서관	서울	성동구	공공(일반)	02-2204-6470
755	성동구립청계도서관	서울	성동구	공공(일반)	02-2204-7580
756	성북구립 청수도서관	서울	성북구	공공(일반)	02-2038-4423
757	성북길빛도서관	서울	성북구	공공(일반)	02-6949-0031
758	성북정보도서관	서울	성북구	공공(일반)	02-962-1081
759	성현동작은도서관	서울	관악구	공공(일반)	02-877-7183
760	소나무언덕2호도서관	서울	송파구	공공(일반)	02-424-0083
761	소나무언덕3호도서관	서울	송파구	공공(일반)	02-443-0130
762	소나무언덕잠실본동도서관	서울	송파구	공공(일반)	02-412-0750
763	손기정문화도서관	서울	중구	공공(일반)	02-2230-2950
764	솔샘문화정보도서관	서울	강북구	공공(일반)	02-944-3150
765	송중문화정보도서관	서울	강북구	공공(일반)	02-944-3160
766	송파글마루도서관	서울	송파구	공공(일반)	02-449-8855
767	송파위례도서관	서울	송파구	공공(일반)	02-402-3003
768	수유문화정보도서관	서울	강북구	공공(일반)	02-944-3170
769	신당누리도서관	서울	중구	공공(일반)	02-2230-2960
770	신대방누리도서관	서울	동작구	공공(일반)	02-849-8588
771	신월음악도서관	서울	양천구	공공(일반)	02-2691-5919
772	쌍문채움도서관	서울	도봉구	공공(일반)	02-998-0910
773	아름꿈 도서관	서울	종로구	공공(일반)	02-2237-6644
774	아리랑도서관	서울	성북구	공공(일반)	02-3291-4990
775	아차산숲속도서관	서울	광진구	공공(일반)	02-2049-2970
776	약수도서관	서울	동작구	공공(일반)	02-823-1907
777	양원숲속도서관	서울	중랑구	공공(일반)	02-432-0710
778	양천구 영어특성화도서관	서울	양천구	공공(일반)	02-2642-5919
789	은뜨락도서관	서울	은평구	공공(일반)	02-389-7635
790	은천동작은도서관	서울	관악구	공공(일반)	02-877-1162
791	은평구립도서관	서울	은평구	공공(일반)	02-385-1671

번호	도서관명	지역	시군구	도서관구분	전화번호
792	응암정보도서관	서울	은평구	공공(일반)	02-308-2320
793	일원라온영어도서관	서울	강남구	공공(일반)	02-6712-0593
794	자양제4동도서관	서울	광진구	공공(일반)	02-465-0737
795	자양한강도서관	서울	광진구	공공(일반)	02-456-0048
796	잠원도서관	서울	서초구	공공(일반)	02-3477-8655
797	장위행복누림도서관	서울	성북구	공공(일반)	02-6954-7955
798	정다운도서관	서울	강남구	공공(일반)	02-512-9326
799	정릉도서관	서울	성북구	공공(일반)	02-2038-9928
800	제3의시간	서울	종로구	공공(일반)	02-6949-0819
801	제기동 감초마을 현진건 기념 도서관	서울		공공(일반)	02-928-3141
802	조원도서관	서울	관악구	공공(일반)	02-851-5571
803	중곡문화체육센터도서관	서울	광진구	공공(일반)	02-3408-4931
804	중랑구립면목정보도서관	서울	중랑구	공공(일반)	02-432-4120
805	중랑구립정보도서관	서울	중랑구	공공(일반)	02-3407-1111
806	중랑상봉도서관	서울	중랑구	공공(일반)	02-2209-0094
807	즐거운도서관	서울	강남구	공공(일반)	02-565-7533
808	지샘터 올림픽공원도서관	서울	송파구	공공(일반)	02-2180-3578
809	청담도서관	서울	강남구	공공(일반)	02-540-7042
810	청운문학도서관	서울	종로구	공공(일반)	070-4680-4032
811	청파도서관	서울	용산구	공공(일반)	02-714-3931
812	하늘도서관	서울	구로구	공공(일반)	02-864-9585
813	학마을도서관	서울	도봉구	공공(일반)	02-955-0655
814	한국학생도서관	서울	중구	공공(일반)	02-2275-0753
815	항동푸른도서관	서울	구로구	공공(일반)	02-2613-2022
816	해맞이역사도서관	서울	양천구	공공(일반)	02-2693-5919
817	행복한도서관	서울	강남구	공공(일반)	02-567-3833
818	화랑도서관	서울	노원구	공공(일반)	02-973-1318
819	휘경행복도서관	서울	동대문구	공공(일반)	02-2249-9701
820	고운남측도서관	세종	세종시	공공(일반)	044-301-7261

번호	도서관명	지역	시군구	도서관구분	전화번호
821	고운동도서관	세종	세종시	공공(일반)	044-301-6661
822	나성동도서관	세종	세종시	공공(일반)	044-301-7661
823	다정동도서관	세종	세종시	공공(일반)	044-301-7163
824	대평동도서관	세종	세종시	공공(일반)	044-301-6961
825	도담동도서관	세종	세종시	공공(일반)	044-301-6263
826	반곡동도서관	세종	세종시	공공(일반)	044-301-7361
827	보람동도서관	세종	세종시	공공(일반)	044-301-6761
828	새롬동도서관	세종	세종시	공공(일반)	044-301-6864
829	세종시립도서관	세종	세종시	공공(일반)	044-301-4300
830	세종특별자치시교육청평생교육학습관	세종	세종시	공공(일반)	044-410-1441
831	소담동도서관	세종	세종시	공공(일반)	044-301-7061
832	아름동도서관	세종	세종시	공공(일반)	044-301-6362
833	종촌동도서관	세종	세종시	공공(일반)	044-301-6461
834	한솔동도서관	세종	세종시	공공(일반)	044-301-6161
835	해밀동도서관	세종	세종시	공공(일반)	044-301-7463
836	강동바다도서관	울산		공공(일반)	052-241-7480
837	남목도서관	울산	동구	공공(일반)	052-209-4580
838	농소1동도서관	울산	북구	공공(일반)	052-241-7430
839	매곡도서관	울산	북구	공공(일반)	052-241-7472
840	약숫골도서관	울산	중구	공공(일반)	052-290-4170
841	염포양정도서관	울산	북구	공공(일반)	052-241-7450
842	울산남구도산도서관	울산	남구	공공(일반)	052-226-5710
843	울산남구신복도서관	울산	남구	공공(일반)	052-226-2365
844	울산남부도서관	울산	남구	공공(일반)	052-259-7570
845	울산농소3동도서관	울산	북구	공공(일반)	052-241-7440
846	울산도서관	울산	남구	공공(일반)	052-266-5670
847	울산동부도서관	울산	동구	공공(일반)	052-241-2300
848	울산북구중앙도서관	울산	북구	공공(일반)	052-241-7407
849	울주도서관	울산	울주군	공공(일반)	052-255-8162

번호	도서관명	지역	시군구	도서관구분	전화번호
850	울주선바위도서관	울산	울주군	공공(일반)	052-211-5773
851	울주옹기종기도서관	울산	울주군	공공(일반)	052-239-7413
852	울주천상도서관	울산	울주군	공공(일반)	052-204-1245
853	갈산도서관	인천	부평구	공공(일반)	032-362-0261
854	강화군립도서관	인천	강화군	공공(일반)	032-932-8264
855	검단도서관	인천	서구	공공(일반)	032-561-4117
856	검암도서관	인천	서구	공공(일반)	032-565-1610
857	꿈벗도서관	인천	중구	공공(일반)	032-764-6111
858	남동논현도서관	인천	남동구	공공(일반)	032-453-6430
859	내가도서관	인천	강화군	공공(일반)	032-934-1528
860	동양도서관	인천	계양구	공공(일반)	032-541-1800
861	동춘나래도서관	인천	연수구	공공(일반)	032-749-8240
862	백령도서관	인천	옹진군	공공(일반)	032-899-3086
863	부개도서관	인천	부평구	공공(일반)	032-505-0062
864	삼산도서관	인천	부평구	공공(일반)	032-330-7012
865	서운도서관	인천	계양구	공공(일반)	032-556-8597
866	서창도서관	인천	남동구	공공(일반)	032-453-5950
867	석남도서관	인천	서구	공공(일반)	032-575-2600
868	선학별빛도서관	인천	연수구	공공(일반)	032-749-6710
869	소래도서관	인천	남동구	공공(일반)	032-453-5940
870	송림도서관	인천	동구	공공(일반)	032-770-6776
871	신석도서관	인천	서구	공공(일반)	032-571-9457
872	심곡도서관	인천	서구	공공(일반)	032-568-0133
873	연수꿈담도서관	인천	연수구	공공(일반)	032-749-8200
874	연수청학도서관	인천	연수구	공공(일반)	032-749-8270
875	용비도서관	인천	미추홀구	공공(일반)	032-881-2417
876	이룸청소년도서관	인천	동구	공공(일반)	032-770-6197
877	인천시 송도국제기구도서관	인천	연수구	공공(일반)	032-851-6650
878	인천시 영종하늘도서관	인천	중구	공공(일반)	032-746-9137

번호	도서관명	지역	시군구	도서관구분	전화번호
879	인천시 율목도서관	인천	중구	공공(일반)	032-770-3800
880	인천시 청라국제도서관	인천	서구	공공(일반)	032-562-6823
881	인천시 청라호수도서관	인천	서구	공공(일반)	032-563-8125
882	인천시교육청계양도서관	인천	계양구	공공(일반)	032-540-4400
883	인천시교육청부평도서관	인천	부평구	공공(일반)	032-510-7300
884	인천시교육청북구도서관	인천	부평구	공공(일반)	032-363-5000
885	인천시교육청서구도서관	인천	서구	공공(일반)	032-585-7100
886	인천시교육청연수도서관	인천	연수구	공공(일반)	032-899-7500
887	인천시교육청주안도서관	인천	미추홀구	공공(일반)	032-450-9100
888	인천시교육청중앙도서관	인천	남동구	공공(일반)	032-627-8400
889	인천시교육청화도진도서관	인천	동구	공공(일반)	032-760-4138
890	인천시립수봉도서관	인천	미추홀구	공공(일반)	032-870-9100
891	인천시립영종도서관	인천	중구	공공(일반)	032-745-6000
892	인천시마전도서관	인천	서구	공공(일반)	032-590-2800
893	인천시미추홀도서관	인천	남동구	공공(일반)	032-462-3900
894	임학도서관	인천	계양구	공공(일반)	032-551-9701
895	작전도서관	인천	계양구	공공(일반)	032-555-9734
896	지혜의숲도서관	인천	강화군	공공(일반)	032-934-8271
897	청천도서관	인천	부평구	공공(일반)	032-330-9171
898	학나래도서관	인천	미추홀구	공공(일반)	032-728-6820
899	함박비류도서관	인천	연수구	공공(일반)	032-749-6970
900	해돋이도서관	인천	연수구	공공(일반)	032-749-6950
901	효성도서관	인천	계양구	공공(일반)	032-547-3862
902	강진군도서관	전남	강진군	공공(일반)	061-430-3832
903	고흥군립도서관	전남	고흥군	공공(일반)	061-830-6906
904	고흥군립북부도서관	전남	고흥군	공공(일반)	061-830-5951
905	고흥군립중앙도서관	전남	고흥군	공공(일반)	061-830-6951
906	관옥나무도서관	전남	순천시	공공(일반)	061-727-2210
907	광양광영도서관	전남		공공(일반)	061-797-3765

번호	도서관명	지역	시군구	도서관구분	전화번호
908	광양금호도서관	전남	광양시	공공(일반)	061-797-3830
909	광양용강도서관	전남	광양시	공공(일반)	061-797-3869
910	광양중마도서관	전남	광양시	공공(일반)	061-797-3880
911	광양중앙도서관	전남	광양시	공공(일반)	061-797-2530
912	구례군매천도서관	전남	구례군	공공(일반)	061-780-8152
913	금일공공도서관	전남	완도군	공공(일반)	061-550-6247
914	나주시립도서관	전남	나주시	공공(일반)	061-339-4583
915	노화공공도서관	전남	완도군	공공(일반)	061-550-6307
916	목포시립도서관	전남	목포시	공공(일반)	061-278-3320
917	목포어울림도서관	전남	목포시	공공(일반)	061-270-1250
918	목포영어도서관	전남	목포시	공공(일반)	061-285-8020
919	무안군공공도서관	전남	무안군	공공(일반)	061-450-5465
920	보성농어촌도서관	전남	보성군	공공(일반)	061-850-8460
921	빛가람시립도서관	전남	나주시	공공(일반)	061-339-4592
922	삼호도서관	전남	영암군	공공(일반)	061-470-6835
923	순천시립그림책도서관	전남	순천시	공공(일반)	061-749-8892
924	순천시립도서관연향관	전남	순천시	공공(일반)	061-749-8555
925	순천시립삼산도서관	전남	순천시	공공(일반)	061-749-6691
926	순천시립신대도서관	전남	순천시	공공(일반)	061-749-4374
927	순천시립조례호수도서관	전남	순천시	공공(일반)	061-749-8891
928	신안군립도서관	전남	신안군	공공(일반)	061-240-4071
929	여수시립돌산도서관	전남	여수시	공공(일반)	061-659-4823
930	여수시립소라도서관	전남	여수시	공공(일반)	061-659-4833
931	여수시립쌍봉도서관	전남	여수시	공공(일반)	061-659-4770
932	여수시립율촌도서관	전남	여수시	공공(일반)	061-659-4847
933	여수시립현암도서관	전남	여수시	공공(일반)	061-659-4810
934	여수시립환경도서관	전남	여수시	공공(일반)	061-659-4814
935	여수시이순신도서관	전남	여수시	공공(일반)	061-659-2850
936	영광군립도서관	전남	영광군	공공(일반)	061-350-5746

번호	도서관명	지역	시군구	도서관구분	전화번호
937	영암군 학산도서관	전남	영암군	공공(일반)	061-470-6437
938	영암도서관	전남	영암군	공공(일반)	061-470-6802
939	옥과공공도서관	전남	곡성군	공공(일반)	061-360-8595
940	완도군립도서관	전남	완도군	공공(일반)	061-550-6901
941	장성군립북이도서관	전남	장성군	공공(일반)	061-390-8531
942	장성군립삼계도서관	전남	장성군	공공(일반)	061-395-4100
943	장성군립중앙도서관	전남	장성군	공공(일반)	061-393-7900
944	전남도교육청고흥평생교육관	전남	고흥군	공공(일반)	061-830-2589
945	전남도교육청곡성교육문화회관	전남	곡성군	공공(일반)	061-362-0671
946	전남도교육청광양도서관	전남	광양시	공공(일반)	061-797-5300
947	전남도교육청광양평생교육관	전남	광양시	공공(일반)	061-815-1618
948	전남도교육청구례도서관	전남	구례군	공공(일반)	061-782-2366
949	전남도교육청나주도서관	전남	나주시	공공(일반)	061-330-6750
950	전남도교육청남평도서관	전남	나주시	공공(일반)	061-337-9436
951	전남도교육청담양도서관	전남	담양군	공공(일반)	061-383-7435
952	전남도교육청목포도서관	전남	목포시	공공(일반)	061-270-3800
953	전남도교육청무안도서관	전남	무안군	공공(일반)	061-452-8300
954	전남도교육청벌교도서관	전남	보성군	공공(일반)	061-858-0501
955	전남도교육청보성도서관	전남	보성군	공공(일반)	061-852-3893
956	전남도교육청순천만생태문화교육원	전남	순천시	공공(일반)	061-811-3172
957	전남도교육청영광도서관	전남	영광군	공공(일반)	061-353-2690
958	전남도교육청영암도서관	전남	영암군	공공(일반)	061-473-0692
959	전남도교육청장성도서관	전남	장성군	공공(일반)	061-399-1671
960	전남도교육청장흥도서관	전남	장흥군	공공(일반)	061-862-3555
961	전남도교육청진도도서관	전남	진도군	공공(일반)	061-544-2937
962	전남도교육청학생교육문화회관	전남	여수시	공공(일반)	061-808-0182
963	전남도교육청함평도서관	전남	함평군	공공(일반)	061-322-0515
964	전남도교육청해남도서관	전남	해남군	공공(일반)	061-536-2483
965	전남도교육청화순도서관	전남	화순군	공공(일반)	061-372-0530

번호	도서관명	지역	시군구	도서관구분	전화번호
966	전라남도립도서관	전남	무안군	공공(일반)	061-288-5200
967	정남진도서관	전남	장흥군	공공(일반)	061-863-5454
968	철마도서관	전남	진도군	공공(일반)	061-540-3062
969	함평군립도서관	전남	함평군	공공(일반)	061-320-2263
970	해남군립도서관	전남	해남군	공공(일반)	061-530-5890
971	해룡농어촌도서관	전남	순천시	공공(일반)	061-749-8647
972	화순열린도서관	전남	화순군	공공(일반)	061-379-3956
973	흑산자산문화도서관	전남	신안군	공공(일반)	061-240-8890
974	고창군립도서관	전북	고창군	공공(일반)	063-560-2420
975	고창군립성호도서관	전북	고창군	공공(일반)	063-561-2421
976	군산교육문화회관	전북	군산시	공공(일반)	063-450-3244
977	군산교육문화회관 대야분관	전북	군산시	공공(일반)	063-451-2669
978	군산시립금강도서관	전북	군산시	공공(일반)	063-454-5670
979	군산시립도서관	전북	군산시	공공(일반)	063-454-5620
980	김제교육문화회관	전북	김제시	공공(일반)	063-540-6835
981	김제교육문화회관 금산분관	전북	김제시	공공(일반)	063-545-1670
982	김제시립도서관	전북	김제시	공공(일반)	063-540-4126
983	김제시립도서관금구분관	전북	김제시	공공(일반)	063-540-4155
984	김제시립도서관만경분관	전북	김제시	공공(일반)	063-540-4145
985	남원교육문화회관	전북	남원시	공공(일반)	063-630-1231
986	남원교육문화회관 운봉분관	전북	남원시	공공(일반)	063-634-0716
987	남원시립도서관	전북	남원시	공공(일반)	063-620-8976
988	명봉도서관	전북	정읍시	공공(일반)	063-534-8261
989	무주형설지공군립도서관	전북	무주군	공공(일반)	063-320-5622
990	부안교육문화회관	전북	부안군	공공(일반)	063-580-1341
991	부안군립도서관	전북	부안군	공공(일반)	063-580-3946
992	산들도서관	전북	군산시	공공(일반)	063-454-5800
993	설림도서관	전북	군산시	공공(일반)	063-454-5703
994	순창군립도서관	전북	순창군	공공(일반)	063-650-5678

번호	도서관명	지역	시군구	도서관구분	전화번호
995	아중도서관	전북	전주 덕진구	공공(일반)	063-281-6475
996	완주군립 둔산영어도서관	전북	완주군	공공(일반)	063-290-3866
997	완주군립고산도서관	전북	완주군	공공(일반)	063-290-2647
998	완주군립삼례도서관	전북	완주군	공공(일반)	063-290-2643
999	완주군립중앙도서관	전북	완주군	공공(일반)	063-290-2659
1000	익산교육문화회관	전북	익산시	공공(일반)	063-840-7233
1001	익산교육문화회관 함열분관	전북	익산시	공공(일반)	063-861-1474
1002	익산시 유천도서관	전북	익산시	공공(일반)	063-859-7555
1003	익산시립금마도서관	전북	익산시	공공(일반)	063-859-7514
1004	익산시립도서관 마동분관	전북	익산시	공공(일반)	063-859-3471
1005	익산시립도서관(영등도서관)	전북	익산시	공공(일반)	063-859-4661
1006	익산시립모현도서관	전북	익산시	공공(일반)	063-859-7348
1007	익산시립부송도서관	전북	익산시	공공(일반)	063-859-3717
1008	익산시립황등도서관	전북	익산시	공공(일반)	063-859-3723
1009	임실군립도서관	전북	임실군	공공(일반)	063-640-3041
1010	임실군립오수도서관	전북	임실군	공공(일반)	063-640-2931
1011	임피채만식도서관	전북	군산시	공공(일반)	063-454-5655
1012	장수군립도서관	전북	장수군	공공(일반)	063-350-1621
1013	전라북도교육청무주도서관	전북	무주군	공공(일반)	063-322-4635
1014	전라북도교육청완주도서관	전북	완주군	공공(일반)	063-262-2239
1015	전라북도교육청임실도서관	전북	임실군	공공(일반)	063-643-3525
1016	전라북도교육청장수도서관	전북	장수군	공공(일반)	063-351-5488
1017	전라북도교육청진안도서관	전북	진안군	공공(일반)	063-433-2433
1018	전북도청도서관	전북	전주 완산구	공공(일반)	063-280-2451
1019	전북특별자치도교육청고창도서관	전북	고창군	공공(일반)	063-563-2720
1020	전북특별자치도교육청순창도서관	전북	순창군	공공(일반)	063-652-0994
1021	전주교육문화회관	전북	전주 덕진구	공공(일반)	063-270-1646
1022	전주시립건지도서관	전북	전주 덕진구	공공(일반)	063-281-6607
1023	전주시립금암도서관	전북	전주 덕진구	공공(일반)	063-281-6440

번호	도서관명	지역	시군구	도서관구분	전화번호
1024	전주시립도서관 꽃심	전북	전주 완산구	공공(일반)	063-230-1840
1025	전주시립삼천도서관	전북	전주 완산구	공공(일반)	063-281-6464
1026	전주시립서신도서관	전북	전주 완산구	공공(일반)	063-281-6550
1027	전주시립송천도서관	전북	전주 덕진구	공공(일반)	063-281-6510
1028	전주시립완산도서관	전북	전주 완산구	공공(일반)	063-230-1816
1029	전주시립인후도서관	전북	전주 덕진구	공공(일반)	063-281-6409
1030	전주시립쪽구름도서관	전북	전주 덕진구	공공(일반)	063-281-6530
1031	전주시립평화도서관	전북	전주 완산구	공공(일반)	063-281-6428
1032	전주시립효자도서관	전북	전주 완산구	공공(일반)	063-281-6493
1033	정읍시립도서관신태인분관	전북	정읍시	공공(일반)	063-539-6442
1034	정읍시립중앙도서관	전북	정읍시	공공(일반)	063-539-6432
1035	정읍학생복지회관	전북	정읍시	공공(일반)	063-533-6528
1036	콩쥐팥쥐도서관	전북	완주군	공공(일반)	063-290-2659
1037	동녘도서관	제주	제주시	공공(일반)	064-786-6500
1038	서귀포도서관	제주	서귀포시	공공(일반)	064-735-4300
1039	서귀포시동부도서관	제주	서귀포시	공공(일반)	064-760-3692
1040	서귀포시삼매봉도서관	제주	서귀포시	공공(일반)	064-760-3703
1041	서귀포시서부도서관	제주	서귀포시	공공(일반)	064-760-3714
1042	서귀포시중앙도서관	제주	서귀포시	공공(일반)	064-739-1516
1043	성산일출도서관	제주	서귀포시	공공(일반)	064-783-4227
1044	송악도서관	제주	서귀포시	공공(일반)	064-798-6800
1045	안덕산방도서관	제주	서귀포시	공공(일반)	064-794-2489
1046	애월도서관	제주	제주시	공공(일반)	064-728-1507
1047	제남도서관	제주	서귀포시	공공(일반)	064-766-4600
1048	제주도서관	제주	제주시	공공(일반)	064-717-6400
1049	제주시우당도서관	제주	제주시	공공(일반)	064-728-1503
1050	제주특별자치도 한라도서관	제주	제주시	공공(일반)	064-710-8666
1051	조천읍도서관	제주	제주시	공공(일반)	064-728-8571
1052	탐라도서관	제주	제주시	공공(일반)	064-728-1506

번호	도서관명	지역	시군구	도서관구분	전화번호
1053	표선도서관	제주	서귀포시	공공(일반)	064-787-5488
1054	한경도서관	제주	제주시	공공(일반)	064-728-8602
1055	한수풀도서관	제주	제주시	공공(일반)	064-796-0601
1056	계룡도서관	충남	계룡시	공공(일반)	042-840-3607
1057	공주기적의도서관	충남	공주시	공공(일반)	041-840-8955
1058	공주시 웅진도서관	충남	공주시	공공(일반)	041-840-2205
1059	광천공공도서관	충남	홍성군	공공(일반)	041-630-9573
1060	금산인삼고을도서관	충남	금산군	공공(일반)	041-750-3513
1061	논산강경도서관	충남	논산시	공공(일반)	041-746-8981
1062	논산연무도서관	충남	논산시	공공(일반)	041-746-8990
1063	논산열린도서관	충남	논산시	공공(일반)	041-746-5990
1064	당진시립송악도서관	충남	당진시	공공(일반)	041-350-4946
1065	당진시립중앙도서관	충남	당진시	공공(일반)	041-360-6873
1066	당진시립합덕도서관	충남	당진시	공공(일반)	041-350-4940
1067	보령시립도서관	충남	보령시	공공(일반)	041-930-0971
1068	보령주산도서관	충남	보령시	공공(일반)	041-930-4779
1069	서산시 대산도서관	충남	서산시	공공(일반)	041-661-8087
1070	서산시립도서관	충남	서산시	공공(일반)	041-661-8084
1071	서천장항공공도서관	충남	서천군	공공(일반)	041-956-5016
1072	아산시 둔포도서관	충남	아산시	공공(일반)	041-536-8597
1073	아산시 배방도서관	충남	아산시	공공(일반)	041-537-3956
1074	아산시 중앙도서관	충남	아산시	공공(일반)	041-530-6600
1075	아산시 탕정온샘도서관	충남	아산시	공공(일반)	041-536-8747
1076	엄사도서관	충남	계룡시	공공(일반)	042-840-3667
1077	예산군립도서관	충남	예산군	공공(일반)	041-339-8221
1078	예산삽교도서관	충남	예산군	공공(일반)	041-339-8225
1079	정산도서관	충남	청양군	공공(일반)	041-940-2555
1080	죽정도서관	충남	보령시	공공(일반)	041-930-0972
1081	진산도서관	충남	금산군	공공(일반)	041-752-5651

번호	도서관명	지역	시군구	도서관구분	전화번호
1082	천안시도서관본부 도솔도서관	충남	천안 서북구	공공(일반)	041-521-3735
1083	천안시도서관본부 두정도서관	충남	천안 서북구	공공(일반)	041-521-3733
1084	천안시도서관본부 신방도서관	충남	천안 동남구	공공(일반)	041-521-3724
1085	천안시도서관본부 쌍용도서관	충남	천안 서북구	공공(일반)	041-521-3731
1086	천안시도서관본부 아우내도서관	충남	천안 동남구	공공(일반)	041-521-3723
1087	천안시도서관본부 중앙도서관	충남	천안시 동남	공공(일반)	041-521-3721
1088	천안시도서관본부 청수도서관	충남	천안 동남구	공공(일반)	041-521-3725
1089	천안시도서관본부도서관 성거도서관	충남	천안시서북구	공공(일반)	041-521-3734
1090	천안아산상생협력센터도서관	충남	천안 서북구	공공(일반)	041-417-5033
1091	추부도서관	충남	금산군	공공(일반)	041-750-2952
1092	충남도서관	충남	홍성군	공공(일반)	041-635-8000
1093	충남도공주교육지원청공주도서관	충남	공주시	공공(일반)	041-855-7122
1094	충남도공주교육지원청유구도서관	충남	공주시	공공(일반)	041-841-1196
1095	충남도교육청남부평생교육원	충남	논산시	공공(일반)	041-730-7733
1096	충남도교육청서부평생교육원	충남	서산시	공공(일반)	041-661-8330
1097	충남도교육청평생교육원	충남	천안 동남구	공공(일반)	041-629-2081
1098	충남도교육청학생교육문화원	충남	천안 동남구	공공(일반)	041-904-6833
1099	충남도금산교육지원청금산도서관	충남	금산군	공공(일반)	041-753-4710
1100	충남도당진교육지원청당진도서관	충남	당진시	공공(일반)	041-352-5918
1101	충남도보령교육지원청보령도서관	충남	보령시	공공(일반)	041-934-0929
1102	충남도보령교육지원청웅천도서관	충남	보령시	공공(일반)	041-934-1789
1103	충남도부여교육지원청부여도서관	충남	부여군	공공(일반)	041-835-2509
1104	충남도서산교육지원청해미도서관	충남	서산시	공공(일반)	041-688-0351
1105	충남도서천교육지원청서천도서관	충남	서천군	공공(일반)	041-953-1518
1106	충남도아산교육지원청아산도서관	충남	아산시	공공(일반)	041-541-1020
1107	충남도예산교육지원청예산도서관	충남	예산군	공공(일반)	041-335-2638
1108	충남도천안교육지원청성환도서관	충남	천안 서북구	공공(일반)	041-581-9963
1109	충남도청양교육지원청청양도서관	충남	청양군	공공(일반)	041-943-4147
1110	충남도태안교육지원청태안도서관	충남	태안군	공공(일반)	041-674-1369

번호	도서관명	지역	시군구	도서관구분	전화번호
1111	충남도홍성교육지원청홍성도서관	충남	홍성군	공공(일반)	041-640-8800
1112	태안군립중앙도서관	충남	태안군	공공(일반)	041-670-5985
1113	태안안면도서관	충남	태안군	공공(일반)	041-670-5997
1114	홍산공공도서관	충남	부여군	공공(일반)	041-830-2896
1115	감곡도서관	충북	음성군	공공(일반)	043-871-4991
1116	강내도서관	충북	청주 흥덕구	공공(일반)	043-201-4193
1117	괴산교육도서관	충북	괴산군	공공(일반)	043-833-0319
1118	금왕교육도서관	충북	음성군	공공(일반)	043-877-8761
1119	단양교육도서관	충북	단양군	공공(일반)	043-423-1095
1120	레인보우영동도서관	충북	영동군	공공(일반)	043-743-9600
1121	매포도서관	충북	단양군	공공(일반)	043-422-1937
1122	미원교육도서관	충북	청주 상당구	공공(일반)	043-297-1525
1123	보은교육도서관	충북	보은군	공공(일반)	043-542-5473
1124	보은군립도서관	충북	보은군	공공(일반)	043-540-3571
1125	봉양도서관	충북	제천시	공공(일반)	043-646-2018
1126	삼성도서관	충북	음성군	공공(일반)	043-871-4971
1127	생거진천혁신도시도서관	충북	진천군	공공(일반)	043-539-7790
1128	서충주도서관	충북	충주시	공공(일반)	043-850-7411
1129	엄정꿈터도서관	충북	충주시	공공(일반)	043-854-3031
1130	영동교육도서관	충북	영동군	공공(일반)	043-744-5754
1131	오창호수도서관	충북	청주 청원구	공공(일반)	043-201-4092
1132	옥산도서관	충북	청주 흥덕구	공공(일반)	043-201-4212
1133	옥천교육도서관	충북	옥천군	공공(일반)	043-731-7051
1134	옥천군민도서관	충북	옥천군	공공(일반)	043-730-3613
1135	올누림도서관	충북	단양군	공공(일반)	043-420-2572
1136	음성교육도서관	충북	음성군	공공(일반)	043-873-2977
1137	음성대소도서관	충북	음성군	공공(일반)	043-871-4961
1138	제천시립도서관	충북	제천시	공공(일반)	043-646-2019
1139	제천시립의병도서관	충북	제천시	공공(일반)	043-646-2019

번호	도서관명	지역	시군구	도서관구분	전화번호
1140	제천여성도서관	충북	제천시	공공(일반)	043-646-3765
1141	제천학생회관	충북	제천시	공공(일반)	043-647-8583
1142	중원교육도서관	충북	충주시	공공(일반)	043-846-0629
1143	증평교육도서관	충북	증평군	공공(일반)	043-836-9477
1144	증평군립도서관	충북	증평군	공공(일반)	043-835-4671
1145	진천교육도서관	충북	진천군	공공(일반)	043-534-4516
1146	진천군립광혜원도서관	충북	진천군	공공(일반)	043-539-7766
1147	진천군립도서관	충북	진천군	공공(일반)	043-539-7733
1148	청주가로수도서관	충북	청주 흥덕구	공공(일반)	043-201-4232
1149	청주금빛도서관	충북	청주 상당구	공공(일반)	043-201-4136
1150	청주내수도서관	충북	청주 청원구	공공(일반)	043-201-4736
1151	청주상당도서관	충북	청주 상당구	공공(일반)	043-201-4106
1152	청주서원도서관	충북	청주 서원구	공공(일반)	043-201-4183
1153	청주시립도서관	충북	청주 상당구	공공(일반)	043-201-4052
1154	청주시립오송도서관	충북	청주 흥덕구	공공(일반)	043-201-4173
1155	청주열린도서관	충북	청주 청원구	공공(일반)	043-241-0651
1156	청주오창도서관	충북	청주 청원구	공공(일반)	043-201-4142
1157	청주청원도서관	충북	청주 청원구	공공(일반)	043-201-4123
1158	청주흥덕도서관	충북	청주 흥덕구	공공(일반)	043-201-4201
1159	충주시립도서관	충북	충주시	공공(일반)	043-850-3271
1160	충주시립호암도서관	충북	충주시	공공(일반)	043-850-7410
1161	충주어린이청소년도서관	충북	충주시	공공(일반)	043-850-3981
1162	충청북도교육도서관	충북	청주 서원구	공공(일반)	043-276-8308
1163	충청북도교육문화원	충북	청주 청원구	공공(일반)	043-229-2655
1164	충청북도중원교육문화원	충북	충주시	공공(일반)	043-851-5416
1165	담작은도서관	강원	춘천시	공공(어린이)	033-256-6363
1166	화천어린이도서관	강원	화천군	공공(어린이)	033-442-0078
1167	고양시립주엽어린이도서관	경기	고양 일산서구	공공(어린이)	031-8075-9168
1168	고양시립행신어린이도서관	경기	고양 덕양구	공공(어린이)	031-8075-9273

번호	도서관명	지역	시군구	도서관구분	전화번호
1169	고양시립화정어린이도서관	경기	고양 덕양구	공공(어린이)	031-8075-9292
1170	군포시 어린이도서관	경기	군포시	공공(어린이)	031-390-8680
1171	달빛나래어린이도서관	경기	화성시	공공(어린이)	031-273-8878
1172	두빛나래 어린이도서관	경기	화성시	공공(어린이)	031-8003-0748
1173	바른샘어린이도서관	경기	수원 영통구	공공(어린이)	031-216-9373
1174	반달어린이도서관	경기	수원 영통구	공공(어린이)	031-201-8349
1175	성남시중원어린이도서관	경기	성남 중원구	공공(어린이)	031-729-4350
1176	성남시판교어린이도서관	경기	성남 분당구	공공(어린이)	031-729-8880
1177	슬기샘어린이도서관	경기	수원 장안구	공공(어린이)	031-242-6633
1178	안산단원어린이도서관	경기	안산 단원구	공공(어린이)	031-481-2678
1179	안산시립상록어린이도서관	경기	안산 상록구	공공(어린이)	031-481-2671
1180	안양어린이도서관	경기	안양 동안구	공공(어린이)	031-8045-6281
1181	양평어린이도서관	경기	양평군	공공(어린이)	031-770-2739
1182	오산시립 햇살마루 도서관	경기	오산시	공공(어린이)	031-8036-6502
1183	의왕시글로벌도서관	경기	의왕시	공공(어린이)	031-345-3691
1184	이천시 어린이도서관	경기	이천시	공공(어린이)	031-644-4381
1185	정왕어린이도서관	경기	시흥시	공공(어린이)	031-310-5181
1186	지혜샘어린이도서관	경기	수원 권선구	공공(어린이)	031-225-5566
1187	평택시립지산초록도서관	경기	평택시	공공(어린이)	031-8024-7451
1188	화성시립둥지나래어린이도서관	경기	화성시	공공(어린이)	031-353-8162
1189	화홍어린이도서관	경기	수원 팔달구	공공(어린이)	031-254-2585
1190	김해기적의도서관	경남	김해시	공공(어린이)	055-330-4651
1191	남부어린이도서관	경남	진주시	공공(어린이)	055-749-6258
1192	도동어린이도서관	경남	진주시	공공(어린이)	055-749-7496
1193	마하 어린이도서관	경남	진주시	공공(어린이)	055-753-9922
1194	비봉어린이도서관	경남	진주시	공공(어린이)	055-749-7494
1195	사천시어린이도서관	경남	사천시	공공(어린이)	055-831-2966
1196	양산시립 상북도서관	경남	양산시	공공(어린이)	055-392-5936
1197	진주시어린이전문도서관	경남	진주시	공공(어린이)	055-749-5984

번호	도서관명	지역	시군구	도서관구분	전화번호
1198	진주시혁신어린이도서관	경남	진주시	공공(어린이)	055-749-7490
1199	진해기적의도서관	경남	창원시진해구	공공(어린이)	055-547-0095
1200	안동시립어린이도서관	경북	안동시	공공(어린이)	054-840-3901
1201	청도어린이도서관	경북	청도군	공공(어린이)	054-370-6753
1202	어린이생태학습도서관	광주	서구	공공(어린이)	062-350-4584
1203	운남어린이도서관	광주	광산구	공공(어린이)	062-960-8301
1204	달서어린이도서관	대구	달서구	공공(어린이)	053-667-4860
1205	서구어린이도서관	대구	서구	공공(어린이)	053-663-3701
1206	수성구립 물망이도서관	대구	수성구	공공(어린이)	053-666-4393
1207	산성어린이도서관	대전	중구	공공(어린이)	042-220-0700
1208	서구어린이도서관	대전	서구	공공(어린이)	042-288-4830
1209	강서기적의도서관	부산	강서구	공공(어린이)	051-970-2317
1210	꿈키어린이도서관	부산	동래구	공공(어린이)	051-559-3986
1211	동구어린이영어도서관	부산	동구	공공(어린이)	051-440-6471
1212	부산진구어린이청소년도서관	부산	부산진구	공공(어린이)	051-605-5803
1213	수영구어린이도서관	부산	수영구	공공(어린이)	051-610-3891
1214	영도어린이영어도서관	부산	영도구	공공(어린이)	051-419-5673
1215	재송어린이도서관	부산	해운대구	공공(어린이)	051-749-7635
1216	정관어린이도서관	부산	기장군	공공(어린이)	051-709-5386
1217	강서길꽃어린이도서관	서울	강서구	공공(어린이)	02-2663-4764
1218	강서꿈꾸는어린이도서관	서울	강서구	공공(어린이)	02-3663-4025
1219	궁동어린이도서관	서울	구로구	공공(어린이)	02-2060-8229
1220	글마루한옥어린이도서관	서울	구로구	공공(어린이)	02-2615-8200
1221	남산타운문화체육센터 어린이도서관	서울	중구	공공(어린이)	02-2230-2941
1222	노원어린이도서관	서울	노원구	공공(어린이)	02-933-7145
1223	대방어린이도서관	서울	동작구	공공(어린이)	02-813-6740
1224	도봉기적의도서관	서울	도봉구	공공(어린이)	02-3493-7171
1225	도봉아이나라도서관	서울	도봉구	공공(어린이)	02-995-4171
1226	동작영어마루도서관	서울	동작구	공공(어린이)	02-823-6750

번호	도서관명	지역	시군구	도서관구분	전화번호
1227	둘리도서관	서울	도봉구	공공(어린이)	070-4291-1112
1228	마포푸르메어린이도서관	서울	마포구	공공(어린이)	02-6070-9286
1229	못골한옥어린이도서관	서울	강남구	공공(어린이)	02-2226-5930
1230	삼각산어린이도서관	서울	강북구	공공(어린이)	02-944-3190
1231	서대문구립남가좌새롬어린이도서관	서울	서대문구	공공(어린이)	02-360-8639
1232	서울특별시교육청어린이도서관	서울	종로구	공공(어린이)	02-731-2300
1233	손기정어린이도서관	서울	중구	공공(어린이)	02-2230-2945
1234	송파어린이도서관	서울	송파구	공공(어린이)	02-418-0357
1235	송파어린이영어도서관	서울	송파구	공공(어린이)	02-415-3567
1236	아리랑어린이도서관	서울	성북구	공공(어린이)	02-3291-4992
1237	용두어린이영어도서관	서울	동대문구	공공(어린이)	02-921-1959
1238	월계어린이도서관	서울	노원구	공공(어린이)	070-4238-5148
1239	장안어린이도서관	서울	동대문구	공공(어린이)	02-2249-1959
1240	종암동새날도서관	서울	성북구	공공(어린이)	02-6925-6920
1241	중랑숲어린이도서관	서울	중랑구	공공(어린이)	02-6235-1150
1242	하계어린이도서관	서울	노원구	공공(어린이)	02-979-7644
1243	해오름도서관	서울	성북구	공공(어린이)	02-6925-7002
1244	휘경어린이도서관	서울	동대문구	공공(어린이)	02-2248-1959
1245	명촌어린이도서관	울산	북구	공공(어린이)	052-241-7460
1246	옥현어린이도서관	울산	남구	공공(어린이)	052-226-2371
1247	울산북구기적의도서관	울산	북구	공공(어린이)	052-241-7420
1248	관교어린이도서관	인천	미추홀구	공공(어린이)	032-421-8630
1249	독정골어린이도서관	인천	미추홀구	공공(어린이)	032-872-0043
1250	별똥별 어린이도서관	인천		공공(어린이)	032-553-4683
1251	부개어린이도서관	인천	부평구	공공(어린이)	032-505-1131
1252	부평기적의도서관	인천	부평구	공공(어린이)	032-505-0612
1253	송도국제어린이도서관	인천	연수구	공공(어린이)	032-749-8220
1254	쑥골어린이도서관	인천	미추홀구	공공(어린이)	032-872-8630
1255	이랑어린이도서관	인천	미추홀구	공공(어린이)	032-427-2283

번호	도서관명	지역	시군구	도서관구분	전화번호
1256	인천광역시교육청평생학습관	인천	연수구	공공(어린이)	032-899-1588
1257	장사래어린이도서관	인천	미추홀구	공공(어린이)	032-886-5055
1258	곡성어린이도서관	전남		공공(어린이)	061-363-9852
1259	광양희망도서관	전남	광양시	공공(어린이)	061-797-4700
1260	목포어린이도서관	전남	목포시	공공(어린이)	061-287-1922
1261	순천기적의도서관	전남	순천시	공공(어린이)	061-749-8890
1262	남원시어린이청소년도서관	전북	남원시	공공(어린이)	063-620-5294
1263	늘푸른도서관	전북	군산시	공공(어린이)	063-454-5980
1264	정읍기적의도서관	전북	정읍시	공공(어린이)	063-539-6451
1265	서귀포기적의도서관	제주	서귀포시	공공(어린이)	064-732-3251
1266	제주꿈바당어린이도서관	제주	제주시	공공(어린이)	064-745-7101
1267	제주시기적의도서관	제주	제주시	공공(어린이)	064-728-1504
1268	금산기적의도서관	충남	금산군	공공(어린이)	041-750-4484
1269	서산어린이도서관	충남	서산시	공공(어린이)	041-660-0200
1270	아산시꿈샘어린이청소년도서관	충남	아산시	공공(어린이)	041-530-6727
1271	맹동혁신도서관	충북	음성군	공공(어린이)	043-871-3993
1272	제천기적의도서관	충북	제천시	공공(어린이)	043-644-1215
1273	청주기적의도서관	충북	청주 서원구	공공(어린이)	043-283-1845
1274	청주신율봉어린이도서관	충북	청주 흥덕구	공공(어린이)	043-201-4222
1275	호암어린이도서관	충북		공공(어린이)	043-853-0109

2. 학교도서관 현황(2023)

번호	도서관명	지역	시군구	도서관구분	전화번호
1	경복고등학교	서울시	고등학교	공립	02-397-5301
2	경신고등학교	서울시	고등학교	사립	02-762-0393
3	대신고등학교	서울시	고등학교	사립	02-736-0317
4	동성고등학교	서울시	고등학교	사립	02-3671-9197
5	중앙고등학교	서울시	고등학교	사립	02-742-1321
6	덕성여자고등학교	서울시	고등학교	사립	02-734-6871
7	배화여자고등학교	서울시	고등학교	사립	02-724-0306
8	상명사범대학부속여고	서울시	고등학교	사립	02-396-6302
9	서울과학고등학교	서울시	고등학교	공립	02-740-6208
10	서울예술고등학교	서울시	고등학교	사립	02-2287-0505
11	서울국제고등학교	서울시	고등학교	공립	02-743-9385
12	경기상업고등학교	서울시	고등학교	공립	02-737-6490
13	서일문화예술고등학교	서울시	고등학교	사립	02-745-6221
14	대동세무고등학교	서울시	고등학교	사립	070-8685-5706
15	서울대사범대학부설초등학교	중부	초등학교	국립	02-768-1500
16	서울교동초등학교	중부	초등학교	공립	02-765-2884
17	서울독립문초등학교	중부	초등학교	공립	02-737-4684
18	서울매동초등학교	중부	초등학교	공립	02-737-4263
19	서울명신초등학교	중부	초등학교	공립	02-766-1415
20	서울세검정초등학교	중부	초등학교	공립	02-379-3004
21	서울재동초등학교	중부	초등학교	공립	02-763-1812
22	서울창신초등학교	중부	초등학교	공립	02-763-3160
23	서울청운초등학교	중부	초등학교	공립	02-737-0218
24	서울혜화초등학교	중부	초등학교	공립	02-762-6437
25	서울효제초등학교	중부	초등학교	공립	02-762-4279
26	상명대사범대학부속초등학교	중부	초등학교	사립	02-379-8033
27	운현초등학교	중부	초등학교	사립	02-765-0896

번호	도서관명	지역	시군구	도서관구분	전화번호
28	서울대사범대학부설여자중학교	중부	중학교	국립	02-762-5252
29	청운중학교	중부	중학교	공립	02-737-0581
30	경신중학교	중부	중학교	사립	02-762-0390
31	대신중학교	중부	중학교	사립	02-736-0317
32	동성중학교	중부	중학교	사립	02-3671-9197
33	중앙중학교	중부	중학교	사립	02-742-1325
34	덕성여자중학교	중부	중학교	사립	02-733-4807
35	배화여자중학교	중부	중학교	사립	02-725-6451
36	상명대사범대학부속여자중학교	중부	중학교	사립	02-6953-8670
37	성동고등학교	서울시	고등학교	공립	02-2237-2412
38	장충고등학교	서울시	고등학교	사립	02-2233-9990
39	환일고등학교	서울시	고등학교	사립	02-390-7202
40	이화여자고등학교	서울시	고등학교	사립	02-752-3353
41	이화여자외국어고등학교	서울시	고등학교	사립	02-2176-1992
42	성동공업고등학교	서울시	고등학교	공립	070-8685-7600
43	리라아트고등학교	서울시	고등학교	사립	02-775-6546
44	한양공업고등학교	서울시	고등학교	사립	02-2238-5181
45	성동글로벌경영고등학교	서울시	고등학교	공립	02-2252-1932
46	서울의료보건고등학교	서울시	고등학교	사립	02-392-6666
47	대경생활과학고등학교	서울시	고등학교	사립	02-2234-0798
48	서울광희초등학교	중부	초등학교	공립	02-2238-8455
49	서울남산초등학교	중부	초등학교	공립	02-2097-9500
50	서울덕수초등학교	중부	초등학교	공립	02-735-7225
51	서울봉래초등학교	중부	초등학교	공립	02-392-5469
52	서울장충초등학교	중부	초등학교	공립	02-2238-9091
53	서울청구초등학교	중부	초등학교	공립	02-2252-1866
54	서울충무초등학교	중부	초등학교	공립	02-2279-4697
55	서울흥인초등학교	중부	초등학교	공립	02-2235-4092
56	서울신당초등학교	중부	초등학교	공립	02-2232-2892

번호	도서관명	지역	시군구	도서관구분	전화번호
57	동산초등학교	중부	초등학교	사립	02-2252-7654
58	리라초등학교	중부	초등학교	사립	02-777-7461
59	숭의초등학교	중부	초등학교	사립	02-3708-9409
60	덕수중학교	중부	중학교	공립	02-2265-9063
61	금호여자중학교	중부	중학교	공립	070-4050-5632
62	장원중학교	중부	중학교	공립	02-2234-9829
63	창덕여자중학교	중부	중학교	공립	02-2125-8005
64	대경중학교	중부	중학교	사립	02-2235-0798
65	장충중학교	중부	중학교	사립	070-8686-7003
66	한양중학교	중부	중학교	사립	070-4831-3987
67	환일중학교	중부	중학교	사립	02-390-7204
68	용산고등학교	서울시	고등학교	공립	02-3706-6700
69	중경고등학교	서울시	고등학교	공립	02-793-2540
70	배문고등학교	서울시	고등학교	사립	02-3480-7100
71	오산고등학교	서울시	고등학교	사립	02-799-9500
72	보성여자고등학교	서울시	고등학교	사립	070-4000-3191
73	성심여자고등학교	서울시	고등학교	사립	02-702-5501
74	신광여자고등학교	서울시	고등학교	사립	02-710-6908
75	용산철도고등학교	서울시	고등학교	공립	02-6905-7777
76	서울디지텍고등학교	서울시	고등학교	사립	02-798-3641
77	선린인터넷고등학교	서울시	고등학교	공립	02-713-6211
78	서울금양초등학교	중부	초등학교	공립	02-704-2901
79	서울남정초등학교	중부	초등학교	공립	02-712-8938
80	서울보광초등학교	중부	초등학교	공립	02-795-2549
81	서울삼광초등학교	중부	초등학교	공립	02-754-0251
82	서울서빙고초등학교	중부	초등학교	공립	02-795-2435
83	서울신용산초등학교	중부	초등학교	공립	070-4673-1599
84	서울용산초등학교	중부	초등학교	공립	02-795-0782
85	서울용암초등학교	중부	초등학교	공립	02-796-2167

번호	도서관명	지역	시군구	도서관구분	전화번호
86	서울원효초등학교	중부	초등학교	공립	02-716-4424
87	서울이태원초등학교	중부	초등학교	공립	02-795-2809
88	서울청파초등학교	중부	초등학교	공립	02-701-3242
89	서울한강초등학교	중부	초등학교	공립	02-795-0584
90	서울한남초등학교	중부	초등학교	공립	02-749-2371
91	서울후암초등학교	중부	초등학교	공립	02-779-3936
92	신광초등학교	중부	초등학교	사립	02-710-6908
93	선린중학교	중부	중학교	공립	02-713-6214
94	용강중학교	중부	중학교	공립	02-795-6176
95	용산중학교	중부	중학교	공립	070-4000-3800
96	한강중학교	중부	중학교	공립	02-794-1791
97	배문중학교	중부	중학교	사립	02-3480-7243
98	오산중학교	중부	중학교	사립	02-799-9400
99	보성여자중학교	중부	중학교	사립	070-4000-3134
100	신광여자중학교	중부	중학교	사립	02-710-6908
101	성심여자중학교	중부	중학교	사립	02-3279-0530
102	무학여자고등학교	서울시	고등학교	공립	02-2200-1724
103	경일고등학교	서울시	고등학교	공립	02-463-3520
104	성수고등학교	서울시	고등학교	공립	02-6913-3506
105	도선고등학교	서울시	고등학교	공립	02-2292-8175
106	금호고등학교	서울시	고등학교	공립	02-2022-0800
107	한양대사범대학부속고등학교	서울시	고등학교	사립	02-2200-3507
108	서울방송고등학교	서울시	고등학교	공립	02-2281-0091
109	성수공업고등학교	서울시	고등학교	공립	02-3409-0944
110	덕수고등학교	서울시	고등학교	공립	02-2292-5707
111	서울경동초등학교	성동·광진	초등학교	공립	02-6902-2700
112	서울경수초등학교	성동·광진	초등학교	공립	02-498-5123
113	서울경일초등학교	성동·광진	초등학교	공립	02-2086-6200
114	서울금북초등학교	성동·광진	초등학교	공립	02-2299-5303

번호	도서관명	지역	시군구	도서관구분	전화번호
115	서울금옥초등학교	성동·광진	초등학교	공립	02-2297-2267
116	서울금호초등학교	성동·광진	초등학교	공립	02-2237-7495
117	서울동명초등학교	성동·광진	초등학교	공립	02-2299-5122
118	서울무학초등학교	성동·광진	초등학교	공립	02-2290-3200
119	서울사근초등학교	성동·광진	초등학교	공립	02-2293-9690
120	서울성수초등학교	성동·광진	초등학교	공립	02-466-4504
121	서울옥수초등학교	성동·광진	초등학교	공립	02-2297-8623
122	서울옥정초등학교	성동·광진	초등학교	공립	02-2297-0148
123	서울용답초등학교	성동·광진	초등학교	공립	02-2245-2717
124	서울행당초등학교	성동·광진	초등학교	공립	02-2292-9434
125	서울응봉초등학교	성동·광진	초등학교	공립	02-2281-0816
126	서울마장초등학교	성동·광진	초등학교	공립	02-2152-7900
127	서울행현초등학교	성동·광진	초등학교	공립	02-2294-7693
128	서울송원초등학교	성동·광진	초등학교	공립	02-469-5074
129	서울동호초등학교	성동·광진	초등학교	공립	02-2299-8370
130	서울숭신초등학교	성동·광진	초등학교	공립	02-2252-5950
131	한양초등학교	성동·광진	초등학교	사립	02-2293-8732
132	경수중학교	성동·광진	중학교	공립	02-464-0675
133	광희중학교	성동·광진	중학교	공립	02-2298-0250
134	동마중학교	성동·광진	중학교	공립	02-2294-6085
135	성수중학교	성동·광진	중학교	공립	02-463-4993
136	옥정중학교	성동·광진	중학교	공립	02-6021-2123
137	무학중학교	성동·광진	중학교	공립	02-2298-6141
138	성원중학교	성동·광진	중학교	공립	02-3408-2558
139	행당중학교	성동·광진	중학교	공립	02-2292-2721
140	경일중학교	성동·광진	중학교	공립	02-468-0651
141	마장중학교	성동·광진	중학교	공립	02-2282-2933
142	한양대학교사범대학부속중학교	성동·광진	중학교	사립	02-2200-3790
143	광남고등학교	서울시	고등학교	공립	02-2204-8705

번호	도서관명	지역	시군구	도서관구분	전화번호
144	광양고등학교	서울시	고등학교	공립	02-446-1435
145	자양고등학교	서울시	고등학교	공립	02-2049-4100
146	건국대사범대학부속고등학교	서울시	고등학교	사립	02-446-9046
147	대원고등학교	서울시	고등학교	사립	02-2204-1568
148	대원여자고등학교	서울시	고등학교	사립	02-2204-1621
149	동국대사범대학부속여자고등학교	서울시	고등학교	사립	02-2049-1514
150	선화예술고등학교	서울시	고등학교	사립	02-2204-1380
151	서울광남초등학교	성동·광진	초등학교	공립	02-455-3763
152	서울광장초등학교	성동·광진	초등학교	공립	02-2139-1505
153	서울구남초등학교	성동·광진	초등학교	공립	02-453-8921
154	서울구의초등학교	성동·광진	초등학교	공립	02-444-6490
155	서울동의초등학교	성동·광진	초등학교	공립	02-447-2706
156	서울동자초등학교	성동·광진	초등학교	공립	02-444-1349
157	서울성자초등학교	성동·광진	초등학교	공립	02-2161-6500
158	서울신양초등학교	성동·광진	초등학교	공립	02-2201-8082
159	서울신자초등학교	성동·광진	초등학교	공립	02-450-5600
160	서울양남초등학교	성동·광진	초등학교	공립	02-452-8189
161	서울용곡초등학교	성동·광진	초등학교	공립	02-457-7225
162	서울용마초등학교	성동·광진	초등학교	공립	02-3436-4012
163	서울자양초등학교	성동·광진	초등학교	공립	02-457-1468
164	서울장안초등학교	성동·광진	초등학교	공립	02-469-5264
165	서울중광초등학교	성동·광진	초등학교	공립	02-469-3340
166	서울중마초등학교	성동·광진	초등학교	공립	02-466-1007
167	서울광진초등학교	성동·광진	초등학교	공립	02-458-4693
168	서울양진초등학교	성동·광진	초등학교	공립	02-454-9071
169	경복초등학교	성동·광진	초등학교	사립	02-2204-1200
170	성동초등학교	성동·광진	초등학교	사립	02-447-2642
171	세종초등학교	성동·광진	초등학교	사립	02-3409-4958
172	광남중학교	성동·광진	중학교	공립	02-456-8792

번호	도서관명	지역	시군구	도서관구분	전화번호
173	광양중학교	성동·광진	중학교	공립	02-452-6922
174	광장중학교	성동·광진	중학교	공립	02-452-0745
175	광진중학교	성동·광진	중학교	공립	02-447-2886
176	구의중학교	성동·광진	중학교	공립	02-447-4798
177	신양중학교	성동·광진	중학교	공립	02-461-1070
178	용곡중학교	성동·광진	중학교	공립	02-452-2622
179	자양중학교	성동·광진	중학교	공립	02-446-0365
180	양진중학교	성동·광진	중학교	공립	02-2049-1249
181	건국대사범대학부속중학교	성동·광진	중학교	사립	02-457-0318
182	동국대학범대학부속여자중학교	성동·광진	중학교	사립	02-6948-2280
183	대원국제중학교	성동·광진	중학교	사립	02-2204-1593
184	청량고등학교	서울시	고등학교	공립	02-959-4362
185	휘봉고등학교	서울시	고등학교	공립	02-2116-7211
186	경희고등학교	서울시	고등학교	사립	02-966-3782
187	대광고등학교	서울시	고등학교	사립	02-940-2202
188	동국대사범대학부속고등학교	서울시	고등학교	사립	02-6913-1578
189	경희여자고등학교	서울시	고등학교	사립	02-966-1248
190	휘경여자고등학교	서울시	고등학교	사립	02-2245-2307
191	해성여자고등학교	서울시	고등학교	사립	070-8786-1313
192	휘경공업고등학교	서울시	고등학교	공립	02-2230-9810
193	서울정화고등학교	서울시	고등학교	사립	02-967-0178
194	해성국제컨벤션고등학교	서울시	고등학교	사립	070-8786-1314
195	서울군자초등학교	동부	초등학교	공립	02-2244-0488
196	서울답십리초등학교	동부	초등학교	공립	02-2242-9256
197	서울동답초등학교	동부	초등학교	공립	02-2213-9820
198	서울배봉초등학교	동부	초등학교	공립	02-2243-6502
199	서울신답초등학교	동부	초등학교	공립	02-2212-1485
200	서울안평초등학교	동부	초등학교	공립	02-2214-0258
201	서울용두초등학교	동부	초등학교	공립	02-927-4892

번호	도서관명	지역	시군구	도서관구분	전화번호
202	서울이문초등학교	동부	초등학교	공립	02-957-8141
203	서울장평초등학교	동부	초등학교	공립	02-2243-6108
204	서울전곡초등학교	동부	초등학교	공립	02-2242-6548
205	서울전농초등학교	동부	초등학교	공립	02-2247-0291
206	서울전동초등학교	동부	초등학교	공립	02-2214-6574
207	서울종암초등학교	동부	초등학교	공립	02-924-4125
208	서울청량초등학교	동부	초등학교	공립	02-962-1341
209	서울홍릉초등학교	동부	초등학교	공립	02-968-4701
210	서울홍파초등학교	동부	초등학교	공립	02-967-8161
211	서울휘경초등학교	동부	초등학교	공립	02-2244-4941
212	서울휘봉초등학교	동부	초등학교	공립	02-2248-4644
213	경희초등학교	동부	초등학교	사립	02-962-4300
214	서울삼육초등학교	동부	초등학교	사립	02-966-4859
215	은석초등학교	동부	초등학교	사립	02-6937-8100
216	성일중학교	동부	중학교	공립	02-926-0211
217	장평중학교	동부	중학교	공립	02-2243-8282
218	전농중학교	동부	중학교	공립	02-2242-6652
219	전동중학교	동부	중학교	공립	02-2212-9266
220	청량중학교	동부	중학교	공립	02-966-4284
221	휘경중학교	동부	중학교	공립	02-2244-1359
222	동대문중학교	동부	중학교	공립	02-3407-4231
223	숭인중학교	동부	중학교	공립	02-2215-0176
224	전일중학교	동부	중학교	공립	02-2245-2745
225	경희중학교	동부	중학교	사립	02-966-6402
226	대광중학교	동부	중학교	사립	02-940-2246
227	동국대사범대학부속중학교	동부	중학교	사립	02-6716-1700
228	경희여자중학교	동부	중학교	사립	02-2250-8888
229	정화여자중학교	동부	중학교	사립	02-967-0178
230	휘경여자중학교	동부	중학교	사립	02-2244-8927

번호	도서관명	지역	시군구	도서관구분	전화번호
231	면목고등학교	서울시	고등학교	공립	02-435-0002
232	중화고등학교	서울시	고등학교	공립	02-491-6807
233	태릉고등학교	서울시	고등학교	공립	02-6211-8585
234	신현고등학교	서울시	고등학교	공립	02-3422-2713
235	원묵고등학교	서울시	고등학교	공립	02-3422-5700
236	송곡고등학교	서울시	고등학교	사립	02-435-0660
237	송곡여자고등학교	서울시	고등학교	사립	02-6328-7106
238	혜원여자고등학교	서울시	고등학교	사립	02-434-6969
239	송곡관광고등학교	서울시	고등학교	사립	02-6077-9462
240	이화여대병설미디어고등학교	서울시	고등학교	사립	02-2209-0142
241	서울동원초등학교	동부	초등학교	공립	02-438-3141
242	서울망우초등학교	동부	초등학교	공립	02-2209-6323
243	서울면남초등학교	동부	초등학교	공립	02-433-0074
244	서울면동초등학교	동부	초등학교	공립	02-434-7814
245	서울면목초등학교	동부	초등학교	공립	02-491-4341
246	서울면북초등학교	동부	초등학교	공립	02-433-3338
247	서울면일초등학교	동부	초등학교	공립	02-437-8112
248	서울면중초등학교	동부	초등학교	공립	02-434-0386
249	서울묵동초등학교	동부	초등학교	공립	02-433-3140
250	서울봉화초등학교	동부	초등학교	공립	02-3421-0091
251	서울상봉초등학교	동부	초등학교	공립	02-432-5237
252	서울신내초등학교	동부	초등학교	공립	02-2207-0501
253	서울신묵초등학교	동부	초등학교	공립	02-976-6212
254	서울신현초등학교	동부	초등학교	공립	02-3421-0142
255	서울원묵초등학교	동부	초등학교	공립	02-3421-2100
256	서울중곡초등학교	동부	초등학교	공립	02-2209-2543
257	서울중랑초등학교	동부	초등학교	공립	02-437-4147
262	서울새솔초등학교	동부	초등학교	공립	02-490-2500
263	금성초등학교	동부	초등학교	사립	02-3421-0500

번호	도서관명	지역	시군구	도서관구분	전화번호
264	서울양원숲초등학교	동부	초등학교	공립	02-493-9701
265	동원중학교	동부	중학교	공립	02-493-8129
266	면목중학교	동부	중학교	공립	02-437-0292
267	봉화중학교	동부	중학교	공립	02-433-3180
268	신현중학교	동부	중학교	공립	02-3421-0631
269	원묵중학교	동부	중학교	공립	02-2094-9800
270	장안중학교	동부	중학교	공립	02-6930-3300
271	중랑중학교	동부	중학교	공립	02-437-5312
272	중화중학교	동부	중학교	공립	02-439-5811
273	태릉중학교	동부	중학교	공립	02-973-5551
274	용마중학교	동부	중학교	공립	02-439-6220
275	상봉중학교	동부	중학교	공립	02-436-4316
276	송곡여자중학교	동부	중학교	사립	070-7124-3569
277	영란여자중학교	동부	중학교	사립	02-2209-0143
278	혜원여자중학교	동부	중학교	사립	02-6491-7918
279	서울대사범대학부설고등학교	서울시	고등학교	국립	02-913-7305
280	경동고등학교	서울시	고등학교	공립	02-928-2353
281	석관고등학교	서울시	고등학교	공립	02-958-1000
282	고려대사범대학부속고등학교	서울시	고등학교	사립	02-914-7483
283	용문고등학교	서울시	고등학교	사립	02-928-3871
284	홍익대사범대학부속고등학교	서울시	고등학교	사립	02-762-0826
285	계성고등학교	서울시	고등학교	사립	02-728-6191
286	성신여자고등학교	서울시	고등학교	사립	02-6930-9113
287	한성여자고등학교	서울시	고등학교	사립	02-742-2845
288	대일외국어고등학교	서울시	고등학교	사립	02-940-1000
289	서울도시과학기술고등학교	서울시	고등학교	공립	02-940-2683
290	서울동구고등학교	서울시	고등학교	사립	02-2170-8683
291	고명외식고등학교	서울시	고등학교	사립	02-928-8366
292	서울길음초등학교	성북·강북	초등학교	공립	02-918-9983

번호	도서관명	지역	시군구	도서관구분	전화번호
293	서울돈암초등학교	성북·강북	초등학교	공립	02-928-2010
294	서울동신초등학교	성북·강북	초등학교	공립	02-923-3870
295	서울미아초등학교	성북·강북	초등학교	공립	02-912-4014
296	서울삼선초등학교	성북·강북	초등학교	공립	02-742-1847
297	서울석관초등학교	성북·강북	초등학교	공립	02-959-1391
298	서울성북초등학교	성북·강북	초등학교	공립	02-764-5987
299	서울숭곡초등학교	성북·강북	초등학교	공립	02-912-5846
300	서울숭덕초등학교	성북·강북	초등학교	공립	02-911-1761
301	서울숭례초등학교	성북·강북	초등학교	공립	02-927-5611
302	서울숭인초등학교	성북·강북	초등학교	공립	02-6953-8277
303	서울안암초등학교	성북·강북	초등학교	공립	02-926-4426
304	서울월곡초등학교	성북·강북	초등학교	공립	02-941-1761
305	서울장곡초등학교	성북·강북	초등학교	공립	02-918-8494
306	서울장위초등학교	성북·강북	초등학교	공립	02-942-1772
307	서울정덕초등학교	성북·강북	초등학교	공립	02-928-0422
308	서울정릉초등학교	성북·강북	초등학교	공립	02-916-2590
309	서울정수초등학교	성북·강북	초등학교	공립	02-916-0051
310	서울청덕초등학교	성북·강북	초등학교	공립	02-914-8740
311	서울일신초등학교	성북·강북	초등학교	공립	02-909-2893
312	서울개운초등학교	성북·강북	초등학교	공립	02-925-8838
313	서울석계초등학교	성북·강북	초등학교	공립	02-964-9578
314	서울길원초등학교	성북·강북	초등학교	공립	02-914-9369
315	서울장월초등학교	성북·강북	초등학교	공립	02-918-7822
316	광운초등학교	성북·강북	초등학교	사립	02-915-7312
317	대광초등학교	성북·강북	초등학교	사립	02-923-2032
318	매원초등학교	성북·강북	초등학교	사립	02-922-6052
319	성신초등학교	성북·강북	초등학교	사립	02-921-1813
320	우촌초등학교	성북·강북	초등학교	사립	02-929-1671
321	서울대사범대학부설중학교	성북·강북	중학교	국립	02-943-5812

번호	도서관명	지역	시군구	도서관구분	전화번호
322	북악중학교	성북·강북	중학교	공립	02-910-2305
323	삼선중학교	성북·강북	중학교	공립	02-742-1147
324	석관중학교	성북·강북	중학교	공립	02-962-2276
325	월곡중학교	성북·강북	중학교	공립	02-6496-6600
326	장위중학교	성북·강북	중학교	공립	02-941-1672
327	종암중학교	성북·강북	중학교	공립	02-928-7041
328	개운중학교	성북·강북	중학교	공립	02-6011-6839
329	숭곡중학교	성북·강북	중학교	공립	02-912-7572
330	길음중학교	성북·강북	중학교	공립	02-910-8770
331	고려대사범대학부속중학교	성북·강북	중학교	사립	070-4832-3403
332	고명중학교	성북·강북	중학교	사립	02-926-2837
333	남대문중학교	성북·강북	중학교	사립	02-942-3184
334	홍익대사범대학부속중학교	성북·강북	중학교	사립	02-762-0824
335	동구여자중학교	성북·강북	중학교	사립	02-762-1304
336	성신여자중학교	성북·강북	중학교	사립	02-3290-7874
337	한성여자중학교	성북·강북	중학교	사립	02-742-2542
338	혜화여자고등학교	서울시	고등학교	공립	02-985-8415
339	솔샘고등학교	서울시	고등학교	공립	02-982-6104
340	삼각산고등학교	서울시	고등학교	공립	02-980-2290
341	신일고등학교	서울시	고등학교	사립	02-989-4151
342	영훈고등학교	서울시	고등학교	사립	02-944-7918
343	창문여자고등학교	서울시	고등학교	사립	02-986-1701
344	성암국제무역고등학교	서울시	고등학교	사립	02-2179-1717
345	서울미양초등학교	성북·강북	초등학교	공립	02-989-9467
346	서울번동초등학교	성북·강북	초등학교	공립	02-987-1863
347	서울삼양초등학교	성북·강북	초등학교	공립	02-987-8321
348	서울송중초등학교	성북·강북	초등학교	공립	02-985-1922
349	서울송천초등학교	성북·강북	초등학교	공립	02-982-9511
350	서울수유초등학교	성북·강북	초등학교	공립	02-989-3724

번호	도서관명	지역	시군구	도서관구분	전화번호
351	서울오현초등학교	성북·강북	초등학교	공립	02-987-0419
352	서울우이초등학교	성북·강북	초등학교	공립	02-991-8722
353	서울유현초등학교	성북·강북	초등학교	공립	02-985-3121
354	서울인수초등학교	성북·강북	초등학교	공립	02-902-2003
355	서울화계초등학교	성북·강북	초등학교	공립	02-986-7782
356	서울수송초등학교	성북·강북	초등학교	공립	02-996-6494
357	서울삼각산초등학교	성북·강북	초등학교	공립	02-987-5784
358	영훈초등학교	성북·강북	초등학교	사립	02-944-3600
359	강북중학교	성북·강북	중학교	공립	02-999-4104
360	번동중학교	성북·강북	중학교	공립	02-985-3479
361	수유중학교	성북·강북	중학교	공립	02-945-6102
362	인수중학교	성북·강북	중학교	공립	02-900-7801
363	화계중학교	성북·강북	중학교	공립	02-986-3073
364	수송중학교	성북·강북	중학교	공립	02-900-5791
365	삼각산중학교	성북·강북	중학교	공립	02-944-4999
366	솔샘중학교	성북·강북	중학교	공립	02-981-6872
367	서라벌중학교	성북·강북	중학교	사립	070-8280-4656
368	신일중학교	성북·강북	중학교	사립	02-944-9818
369	성암여자중학교	성북·강북	중학교	사립	02-2179-1713
370	창문여자중학교	성북·강북	중학교	사립	02-986-1703
371	영훈국제중학교	성북·강북	중학교	사립	02-970-4701
372	창동고등학교	서울시	고등학교	공립	02-3146-0600
373	누원고등학교	서울시	고등학교	공립	02-3492-7594
374	자운고등학교	서울시	고등학교	공립	02-998-2929
375	도봉고등학교	서울시	고등학교	공립	02-3491-4283
376	효문고등학교	서울시	고등학교	공립	02-992-0778
377	선덕고등학교	서울시	고등학교	사립	02-998-0927
378	정의여자고등학교	서울시	고등학교	사립	02-992-5104
379	서울외국어고등학교	서울시	고등학교	사립	070-7602-3491

번호	도서관명	지역	시군구	도서관구분	전화번호
380	서울문화고등학교	서울시	고등학교	공립	02-955-9100
381	세그루패션디자인고등학교	서울시	고등학교	사립	02-993-0114
382	서울누원초등학교	북부	초등학교	공립	02-955-5162
383	서울도봉초등학교	북부	초등학교	공립	02-6011-3120
384	서울방학초등학교	북부	초등학교	공립	02-3491-6361
385	서울백운초등학교	북부	초등학교	공립	02-993-5727
386	서울숭미초등학교	북부	초등학교	공립	02-904-9552
387	서울신방학초등학교	북부	초등학교	공립	02-956-6508
388	서울신창초등학교	북부	초등학교	공립	02-999-8070
389	서울신학초등학교	북부	초등학교	공립	02-956-2802
390	서울신화초등학교	북부	초등학교	공립	02-992-9031
391	서울쌍문초등학교	북부	초등학교	공립	02-992-5672
392	서울월천초등학교	북부	초등학교	공립	02-993-9448
393	서울자운초등학교	북부	초등학교	공립	02-908-0385
394	서울창경초등학교	북부	초등학교	공립	02-995-5265
395	서울창도초등학교	북부	초등학교	공립	02-3492-0008
396	서울창동초등학교	북부	초등학교	공립	02-900-9575
397	서울창원초등학교	북부	초등학교	공립	02-991-9167
398	서울창일초등학교	북부	초등학교	공립	02-996-9167
399	서울초당초등학교	북부	초등학교	공립	02-956-1561
400	서울오봉초등학교	북부	초등학교	공립	02-3492-8613
401	서울창림초등학교	북부	초등학교	공립	02-992-8633
402	서울가인초등학교	북부	초등학교	공립	02-997-5826
403	동북초등학교	북부	초등학교	사립	02-993-1233
404	한신초등학교	북부	초등학교	사립	02-901-7500
405	노곡중학교	북부	중학교	공립	02-996-5232
406	도봉중학교	북부	중학교	공립	02-954-4117
407	방학중학교	북부	중학교	공립	02-956-8343
408	백운중학교	북부	중학교	공립	02-6222-2023

번호	도서관명	지역	시군구	도서관구분	전화번호
409	북서울중학교	북부	중학교	공립	02-956-1004
410	신방학중학교	북부	중학교	공립	02-956-8234
411	창동중학교	북부	중학교	공립	02-2289-6600
412	창북중학교	북부	중학교	공립	02-907-8244
413	창일중학교	북부	중학교	공립	02-994-5934
414	신도봉중학교	북부	중학교	공립	02-992-3462
415	효문중학교	북부	중학교	공립	02-999-1785
416	선덕중학교	북부	중학교	사립	02-993-4112
417	정의여자중학교	북부	중학교	사립	02-3499-5300
418	상계고등학교	서울시	고등학교	공립	02-6477-0700
419	수락고등학교	서울시	고등학교	공립	070-867-7210
420	노원고등학교	서울시	고등학교	공립	02-937-0079
421	월계고등학교	서울시	고등학교	공립	02-908-0063
422	불암고등학교	서울시	고등학교	공립	02-936-7500
423	대진고등학교	서울시	고등학교	사립	02-8685-3572
424	서라벌고등학교	서울시	고등학교	사립	02-2092-2200
425	재현고등학교	서울시	고등학교	사립	02-932-4811
426	한국삼육고등학교	서울시	고등학교	사립	02-6395-3636
427	대진여자고등학교	서울시	고등학교	사립	02-979-2327
428	상명고등학교	서울시	고등학교	사립	02-971-6211
429	염광고등학교	서울시	고등학교	사립	02-994-0121
430	영신여자고등학교	서울시	고등학교	사립	02-930-8455
431	용화여자고등학교	서울시	고등학교	사립	02-950-3500
432	청원여자고등학교	서울시	고등학교	사립	02-3399-7715
433	혜성여자고등학교	서울시	고등학교	사립	02-972-4040
434	경기기계공업고등학교	서울시	고등학교	공립	02-2289-1658
435	광운인공지능고등학교	서울시	고등학교	사립	02-918-7761
436	미래산업과학고등학교	서울시	고등학교	사립	02-6921-8406
437	염광여자메디텍고등학교	서울시	고등학교	사립	02-994-3104

번호	도서관명	지역	시군구	도서관구분	전화번호
438	서울아이티고등학교	서울시	고등학교	사립	070-7606-4893
439	인덕과학기술고등학교	서울시	고등학교	사립	02-902-2060
440	영신간호비즈니스고등학교	서울시	고등학교	사립	02-930-8453
441	서울동산고등학교	서울시	고등학교	사립	02-971-0903
442	서울계상초등학교	북부	초등학교	공립	02-939-0872
443	서울공릉초등학교	북부	초등학교	공립	02-949-0212
444	서울공연초등학교	북부	초등학교	공립	02-3399-2100
445	서울노원초등학교	북부	초등학교	공립	02-939-1894
446	서울노일초등학교	북부	초등학교	공립	02-951-4394
447	서울녹천초등학교	북부	초등학교	공립	02-977-0670
448	서울당현초등학교	북부	초등학교	공립	02-932-0605
449	서울동일초등학교	북부	초등학교	공립	02-935-8225
450	서울불암초등학교	북부	초등학교	공립	02-932-5581
451	서울상경초등학교	북부	초등학교	공립	02-937-3147
452	서울상계초등학교	북부	초등학교	공립	02-939-6811
453	서울상곡초등학교	북부	초등학교	공립	02-935-9205
454	서울상수초등학교	북부	초등학교	공립	02-932-1442
455	서울상원초등학교	북부	초등학교	공립	02-938-7974
456	서울상월초등학교	북부	초등학교	공립	02-939-7368
457	서울상천초등학교	북부	초등학교	공립	02-938-0204
458	서울선곡초등학교	북부	초등학교	공립	02-918-6458
459	서울수락초등학교	북부	초등학교	공립	02-939-0076
460	서울신계초등학교	북부	초등학교	공립	02-902-0009
461	서울신상계초등학교	북부	초등학교	공립	02-935-7095
462	서울연지초등학교	북부	초등학교	공립	02-979-8092
463	서울연촌초등학교	북부	초등학교	공립	02-972-1676
464	서울온곡초등학교	북부	초등학교	공립	02-937-7136
465	서울용동초등학교	북부	초등학교	공립	02-949-0025
466	서울용원초등학교	북부	초등학교	공립	02-948-5302

번호	도서관명	지역	시군구	도서관구분	전화번호
467	서울원광초등학교	북부	초등학교	공립	02-951-3358
468	서울월계초등학교	북부	초등학교	공립	02-999-2381
469	서울을지초등학교	북부	초등학교	공립	02-2092-2499
470	서울중계초등학교	북부	초등학교	공립	02-930-6004
471	서울중원초등학교	북부	초등학교	공립	02-971-4771
472	서울중평초등학교	북부	초등학교	공립	02-979-2388
473	서울중현초등학교	북부	초등학교	공립	02-979-8433
474	서울청계초등학교	북부	초등학교	공립	02-949-2824
475	서울태릉초등학교	북부	초등학교	공립	02-976-1433
476	서울한천초등학교	북부	초등학교	공립	02-975-5701
477	서울수암초등학교	북부	초등학교	공립	02-3392-4277
478	서울태랑초등학교	북부	초등학교	공립	02-977-7384
479	서울덕암초등학교	북부	초등학교	공립	02-3392-0058
480	상명초등학교	북부	초등학교	사립	02-3788-3300
481	청원초등학교	북부	초등학교	사립	02-3399-7995
482	태강삼육초등학교	북부	초등학교	사립	02-972-3671
483	화랑초등학교	북부	초등학교	사립	02-972-2261
484	공릉중학교	북부	중학교	공립	02-971-5212
485	노원중학교	북부	중학교	공립	02-3391-6921
486	노일중학교	북부	중학교	공립	02-3391-0092
487	녹천중학교	북부	중학교	공립	02-978-4592
488	불암중학교	북부	중학교	공립	02-975-4047
489	상경중학교	북부	중학교	공립	02-939-3951
490	상계중학교	북부	중학교	공립	02-936-6450
491	상원중학교	북부	중학교	공립	02-930-0761
492	신상중학교	북부	중학교	공립	02-932-0595
493	신창중학교	북부	중학교	공립	02-904-4206
494	온곡중학교	북부	중학교	공립	02-934-8908
495	월계중학교	북부	중학교	공립	02-993-3115

번호	도서관명	지역	시군구	도서관구분	전화번호
496	중계중학교	북부	중학교	공립	02-932-2545
497	중원중학교	북부	중학교	공립	02-6222-1607
498	중평중학교	북부	중학교	공립	02-977-3026
499	하계중학교	북부	중학교	공립	02-3399-0200
500	한천중학교	북부	중학교	공립	02-948-5554
501	상계제일중학교	북부	중학교	공립	02-930-3543
502	태랑중학교	북부	중학교	공립	02-973-1355
503	수락중학교	북부	중학교	공립	02-2092-1900
504	을지중학교	북부	중학교	공립	02-938-7083
505	광운중학교	북부	중학교	사립	02-942-2293
506	재현중학교	북부	중학교	사립	02-932-4815
507	염광중학교	북부	중학교	사립	02-906-1102
508	은평고등학교	서울시	고등학교	공립	02-383-0872
509	진관고등학교	서울시	고등학교	공립	02-358-0783
510	신도고등학교	서울시	고등학교	공립	02-3157-0019
511	대성고등학교	서울시	고등학교	사립	02-6252-1000
512	선정고등학교	서울시	고등학교	사립	02-3156-1716
513	숭실고등학교	서울시	고등학교	사립	02-373-5910
514	충암고등학교	서울시	고등학교	사립	02-309-0236
515	동명여자고등학교	서울시	고등학교	사립	02-385-0652
516	선일여자고등학교	서울시	고등학교	사립	02-355-9994
517	예일여자고등학교	서울시	고등학교	사립	02-380-0812
518	하나고등학교	서울시	고등학교	사립	02-6913-1704
519	세명컴퓨터고등학교	서울시	고등학교	사립	02-354-1321
520	신진과학기술고등학교	서울시	고등학교	사립	02-385-3451
521	은평메디텍고등학교	서울시	고등학교	사립	070-4020-0681
522	예일디자인고등학교	서울시	고등학교	사립	02-380-0865
523	선일빅데이터고등학교	서울시	고등학교	사립	02-352-8025
524	동명생활경영고등학교	서울시	고등학교	사립	02-383-2628

번호	도서관명	지역	시군구	도서관구분	전화번호
525	선정국제관광고등학교	서울시	고등학교	사립	02-3156-1600
526	서울갈현초등학교	서부	초등학교	공립	02-355-0835
527	서울구산초등학교	서부	초등학교	공립	02-387-7487
528	서울녹번초등학교	서부	초등학교	공립	02-386-0753
529	서울대은초등학교	서부	초등학교	공립	02-388-0833
530	서울대조초등학교	서부	초등학교	공립	02-355-3784
531	서울북한산초등학교	서부	초등학교	공립	02-359-9824
532	서울불광초등학교	서부	초등학교	공립	02-355-1979
533	서울상신초등학교	서부	초등학교	공립	02-303-4245
534	서울수색초등학교	서부	초등학교	공립	02-372-8286
535	서울신도초등학교	서부	초등학교	공립	02-352-3692
536	서울신사초등학교	서부	초등학교	공립	02-373-9356
537	서울역촌초등학교	서부	초등학교	공립	02-352-2245
538	서울연신초등학교	서부	초등학교	공립	02-387-0373
539	서울연은초등학교	서부	초등학교	공립	02-372-6999
540	서울연천초등학교	서부	초등학교	공립	02-357-3911
541	서울은평초등학교	서부	초등학교	공립	02-355-2578
542	서울응암초등학교	서부	초등학교	공립	02-309-5555
543	서울증산초등학교	서부	초등학교	공립	02-373-6305
544	서울연광초등학교	서부	초등학교	공립	02-353-5141
545	서울서신초등학교	서부	초등학교	공립	02-380-0000
546	서울구현초등학교	서부	초등학교	공립	02-352-5518
547	서울은명초등학교	서부	초등학교	공립	02-359-9517
548	서울은진초등학교	서부	초등학교	공립	02-351-3561
549	서울진관초등학교	서부	초등학교	공립	070-4304-1505
550	서울수리초등학교	서부	초등학교	공립	02-353-9400
551	서울은빛초등학교	서부	초등학교	공립	02-388-4923
552	선일초등학교	서부	초등학교	사립	02-355-0160
553	예일초등학교	서부	초등학교	사립	02-380-0713

번호	도서관명	지역	시군구	도서관구분	전화번호
554	충암초등학교	서부	초등학교	사립	02-303-3014
555	서울어울초등학교	서부	초등학교	공립	02-355-4921
556	구산중학교	서부	중학교	공립	02-389-8785
557	덕산중학교	서부	중학교	공립	02-3146-7200
558	불광중학교	서부	중학교	공립	02-384-6591
559	상신중학교	서부	중학교	공립	02-305-5139
560	연서중학교	서부	중학교	공립	02-6715-8105
561	연신중학교	서부	중학교	공립	02-383-7831
562	연천중학교	서부	중학교	공립	02-354-0514
563	은평중학교	서부	중학교	공립	02-382-3545
564	증산중학교	서부	중학교	공립	02-303-9294
565	진관중학교	서부	중학교	공립	02-383-5379
566	신도중학교	서부	중학교	공립	02-389-4330
567	대성중학교	서부	중학교	사립	02-6252-1100
568	숭실중학교	서부	중학교	사립	02-373-7641
569	영락중학교	서부	중학교	사립	02-388-4033
570	충암중학교	서부	중학교	사립	070-5008-5736
571	선일여자중학교	서부	중학교	사립	02-355-0161
572	선정중학교	서부	중학교	사립	02-3156-1422
573	예일여자중학교	서부	중학교	사립	02-380-0994
574	가재울고등학교	서울시	고등학교	공립	02-6351-0500
575	명지고등학교	서울시	고등학교	사립	02-303-1540
576	한성고등학교	서울시	고등학교	사립	02-363-4943
577	이화여자대사범대학 부속이화금란고등학교	서울시	고등학교	사립	02-361-6200
578	중앙여자고등학교	서울시	고등학교	사립	070-5175-4612
579	한성과학고등학교	서울시	고등학교	공립	02-6917-0000
580	서울고은초등학교	서부	초등학교	공립	02-396-2652
581	서울금화초등학교	서부	초등학교	공립	02-364-9264
582	서울대신초등학교	서부	초등학교	공립	02-363-1994

번호	도서관명	지역	시군구	도서관구분	전화번호
583	서울미동초등학교	서부	초등학교	공립	02-364-6524
584	서울북가좌초등학교	서부	초등학교	공립	02-372-4024
585	서울북성초등학교	서부	초등학교	공립	02-362-0669
586	서울안산초등학교	서부	초등학교	공립	02-737-4265
587	서울연가초등학교	서부	초등학교	공립	02-372-3044
588	서울연희초등학교	서부	초등학교	공립	02-338-9919
589	서울인왕초등학교	서부	초등학교	공립	02-395-4094
590	서울창서초등학교	서부	초등학교	공립	02-332-9532
591	서울홍연초등학교	서부	초등학교	공립	02-394-1802
592	서울홍은초등학교	서부	초등학교	공립	02-391-2196
593	서울홍제초등학교	서부	초등학교	공립	02-396-7235
594	서울가재울초등학교	서부	초등학교	공립	02-300-8600
595	경기초등학교	서부	초등학교	사립	02-3146-9555
596	명지초등학교	서부	초등학교	사립	02-372-2872
597	이화여자대학교사범대학부속초등학교	서부	초등학교	사립	02-362-6179
598	추계초등학교	서부	초등학교	사립	02-312-7701
599	서연중학교	서부	중학교	공립	02-332-7376
600	신연중학교	서부	중학교	공립	02-391-9399
601	연북중학교	서부	중학교	공립	02-332-7378
602	홍은중학교	서부	중학교	공립	02-3216-0512
603	연희중학교	서부	중학교	공립	02-372-2992
604	인왕중학교	서부	중학교	공립	02-396-5406
605	가재울중학교	서부	중학교	공립	02-726-1700
606	명지중학교	서부	중학교	사립	02-302-7072
607	이화여자대사범대학부속이화·금란중학교	서부	중학교	사립	02-392-6175
608	인창중학교	서부	중학교	사립	02-300-4500
609	한성중학교	서부	중학교	사립	02-365-4942
610	동명여자중학교	서부	중학교	사립	02-363-5043
611	정원여자중학교	서부	중학교	사립	02-394-6301

번호	도서관명	지역	시군구	도서관구분	전화번호
612	중앙여자중학교	서부	중학교	사립	02-362-3063
613	서울여자고등학교	서울시	고등학교	공립	02-703-2211
614	상암고등학교	서울시	고등학교	공립	02-373-0067
615	경성고등학교	서울시	고등학교	사립	02-3140-1244
616	광성고등학교	서울시	고등학교	사립	02-703-3457
617	숭문고등학교	서울시	고등학교	사립	02-718-9546
618	홍익대사범대학부속여자고등학교	서울시	고등학교	사립	02-331-7584
619	서울디자인고등학교	서울시	고등학교	사립	02-716-8211
620	한세사이버보안고등학교	서울시	고등학교	사립	02-362-0134
621	홍익디자인고등학교	서울시	고등학교	사립	02-3140-1311
622	서울공덕초등학교	서부	초등학교	공립	02-703-6069
623	서울동교초등학교	서부	초등학교	공립	02-324-5091
624	서울마포초등학교	서부	초등학교	공립	02-712-0852
625	서울망원초등학교	서부	초등학교	공립	02-334-5188
626	서울상암초등학교	서부	초등학교	공립	02-375-8891
627	서울서강초등학교	서부	초등학교	공립	02-334-2410
628	서울서교초등학교	서부	초등학교	공립	02-3143-0673
629	중앙여자중학교	서부	중학교	사립	02-362-3064
630	서울여자고등학교	서울시	고등학교	공립	02-703-2212
631	상암고등학교	서울시	고등학교	공립	02-373-0068
632	경성고등학교	서울시	고등학교	사립	02-3140-1245
633	광성고등학교	서울시	고등학교	사립	02-703-3458
634	숭문고등학교	서울시	고등학교	사립	02-718-9547
635	홍익대사범대학부속여자고등학교	서울시	고등학교	사립	02-331-7585
636	서울디자인고등학교	서울시	고등학교	사립	02-716-8212
637	서울용강초등학교	서부	초등학교	공립	02-715-1749
638	서울중동초등학교	서부	초등학교	공립	02-373-4835
639	서울창천초등학교	서부	초등학교	공립	02-715-4667
640	서울한서초등학교	서부	초등학교	공립	02-716-4914

번호	도서관명	지역	시군구	도서관구분	전화번호
641	서울상지초등학교	서부	초등학교	공립	02-303-9009
642	서울하늘초등학교	서부	초등학교	공립	02-305-7762
643	홍익대학교사범대학부속초등학교	서부	초등학교	사립	02-331-7209
644	성사중학교	서부	중학교	공립	02-373-8001
645	성산중학교	서부	중학교	공립	02-332-0306
646	성서중학교	서부	중학교	공립	02-3140-7123
647	신수중학교	서부	중학교	공립	02-717-6004
648	아현중학교	서부	중학교	공립	02-363-1813
649	중암중학교	서부	중학교	공립	02-309-5778
650	서울여자중학교	서부	중학교	공립	02-716-5041
651	상암중학교	서부	중학교	공립	02-375-5300
652	창천중학교	서부	중학교	공립	02-701-9595
653	경성중학교	서부	중학교	사립	02-3140-1245
654	광성중학교	서부	중학교	사립	02-714-8144
655	동도중학교	서부	중학교	사립	02-716-5391
656	숭문중학교	서부	중학교	사립	02-715-4461
657	홍익대사범대학부속여자중학교	서부	중학교	사립	02-331-7314
658	신목고등학교	서울시	고등학교	공립	070-872-0501
659	금옥여자고등학교	서울시	고등학교	공립	02-2086-7508
660	신서고등학교	서울시	고등학교	공립	02-2690-0025
661	강서고등학교	서울시	고등학교	사립	02-2642-0725
662	광영고등학교	서울시	고등학교	사립	02-2650-2300
663	백암고등학교	서울시	고등학교	사립	02-2696-0110
664	양정고등학교	서울시	고등학교	사립	02-2649-7072
665	양천고등학교	서울시	고등학교	사립	02-2605-5996
666	한가람고등학교	서울시	고등학교	사립	02-2642-3862
667	광영여자고등학교	서울시	고등학교	사립	02-2640-5585
668	목동고등학교	서울시	고등학교	사립	02-2652-1701

번호	도서관명	지역	시군구	도서관구분	전화번호
669	진명여자고등학교	서울시	고등학교	사립	02-2643-1711
670	서울금융고등학교	서울시	고등학교	공립	070-7546-5202
671	서울영상고등학교	서울시	고등학교	사립	02-6002-9403
672	대일관광고등학교	서울시	고등학교	사립	070-4377-8870
673	서울갈산초등학교	강서·양천	초등학교	공립	02-2649-7232
674	서울강서초등학교	강서·양천	초등학교	공립	02-2604-9763
675	서울강신초등학교	강서·양천	초등학교	공립	02-2697-3035
676	서울강월초등학교	강서·양천	초등학교	공립	02-2605-0501
677	서울경인초등학교	강서·양천	초등학교	공립	02-2647-2568
678	서울계남초등학교	강서·양천	초등학교	공립	02-2645-8754
679	서울남명초등학교	강서·양천	초등학교	공립	02-2607-5092
680	서울목동초등학교	강서·양천	초등학교	공립	02-2645-6356
681	서울목원초등학교	강서·양천	초등학교	공립	02-2643-5771
682	서울서정초등학교	강서·양천	초등학교	공립	02-2648-7003
683	서울신강초등학교	강서·양천	초등학교	공립	02-2608-2567
684	서울신남초등학교	강서·양천	초등학교	공립	02-2697-5822
685	서울신목초등학교	강서·양천	초등학교	공립	02-2649-8497
686	서울신서초등학교	강서·양천	초등학교	공립	02-2648-0878
687	서울신원초등학교	강서·양천	초등학교	공립	02-2608-4675
688	서울양강초등학교	강서·양천	초등학교	공립	02-2698-1214
689	서울양동초등학교	강서·양천	초등학교	공립	02-2602-5101
690	서울양명초등학교	강서·양천	초등학교	공립	02-2646-1598
691	서울양목초등학교	강서·양천	초등학교	공립	02-2603-3405
692	서울양원초등학교	강서·양천	초등학교	공립	02-2696-6357
693	서울양화초등학교	강서·양천	초등학교	공립	02-2646-3510
694	서울영도초등학교	강서·양천	초등학교	공립	02-2647-2387
695	서울월촌초등학교	강서·양천	초등학교	공립	02-2647-3666
696	서울은정초등학교	강서·양천	초등학교	공립	02-2645-6871
697	서울정목초등학교	강서·양천	초등학교	공립	02-2644-0840

번호	도서관명	지역	시군구	도서관구분	전화번호
698	서울신기초등학교	강서·양천	초등학교	공립	02-2601-1594
699	서울지향초등학교	강서·양천	초등학교	공립	02-2066-1187
700	서울장수초등학교	강서·양천	초등학교	공립	02-6090-9800
701	서울목운초등학교	강서·양천	초등학교	공립	02-2061-5212
702	서울신은초등학교	강서·양천	초등학교	공립	02-6210-0602
703	강신중학교	강서·양천	중학교	공립	02-2694-9623
704	목동중학교	강서·양천	중학교	공립	02-2643-1101
705	목일중학교	강서·양천	중학교	공립	02-2646-0553
706	신남중학교	강서·양천	중학교	공립	02-2602-7353
707	신목중학교	강서·양천	중학교	공립	02-2648-2142
708	신서중학교	강서·양천	중학교	공립	02-2654-8011
709	신원중학교	강서·양천	중학교	공립	070-4014-9605
710	신월중학교	강서·양천	중학교	공립	02-2601-4254
711	양강중학교	강서·양천	중학교	공립	02-2691-0869
712	양동중학교	강서·양천	중학교	공립	02-2648-3638
713	양서중학교	강서·양천	중학교	공립	02-6273-8106
714	양천중학교	강서·양천	중학교	공립	02-2694-2715
715	월촌중학교	강서·양천	중학교	공립	02-2648-8570
716	금옥중학교	강서·양천	중학교	공립	02-2696-1202
717	신화중학교	강서·양천	중학교	공립	02-3219-2900
718	목운중학교	강서·양천	중학교	공립	02-2651-4060
719	양정중학교	강서·양천	중학교	사립	02-2649-7077
720	영도중학교	강서·양천	중학교	사립	02-2643-0243
721	봉영여자중학교	강서·양천	중학교	사립	02-2648-7123
722	공항고등학교	서울시	고등학교	공립	02-2664-6874
723	등촌고등학교	서울시	고등학교	공립	02-3665-6045
724	세현고등학교	서울시	고등학교	공립	02-3663-1495
725	수명고등학교	서울시	고등학교	공립	02-2660-5500
726	대일고등학교	서울시	고등학교	사립	070-4020-6443

번호	도서관명	지역	시군구	도서관구분	전화번호
727	마포고등학교	서울시	고등학교	사립	02-3663-2583
728	명덕고등학교	서울시	고등학교	사립	02-2664-8817
729	영일고등학교	서울시	고등학교	사립	02-2653-8134
730	한광고등학교	서울시	고등학교	사립	02-2644-7072
731	한서고등학교	서울시	고등학교	사립	02-2662-0021
732	화곡고등학교	서울시	고등학교	사립	070-8277-2900
733	경복여자고등학교	서울시	고등학교	사립	02-3662-2894
734	덕원여자고등학교	서울시	고등학교	사립	02-2660-7809
735	명덕여자고등학교	서울시	고등학교	사립	02-2664-8814
736	동양고등학교	서울시	고등학교	사립	02-2657-0878
737	덕원예술고등학교	서울시	고등학교	사립	02-2660-7906
738	명덕외국어고등학교	서울시	고등학교	사립	02-2665-8821
739	강서공업고등학교	서울시	고등학교	공립	02-2666-2106
740	영등포공업고등학교	서울시	고등학교	사립	02-2659-2981
741	서울신정고등학교	서울시	고등학교	사립	02-2644-3543
742	경복비즈니스고등학교	서울시	고등학교	사립	02-3661-3677
743	화곡보건경영고등학교	서울시	고등학교	사립	070-8644-6505
744	서울항공비즈니스고등학교	서울시	고등학교	사립	02-2665-5900
745	서울가곡초등학교	강서·양천	초등학교	공립	02-2661-5995
746	서울가양초등학교	강서·양천	초등학교	공립	02-2668-2101
747	서울개화초등학교	강서·양천	초등학교	공립	02-2662-0492
748	서울공진초등학교	강서·양천	초등학교	공립	02-2223-2300
749	서울공항초등학교	강서·양천	초등학교	공립	02-2664-1176
750	서울내발산초등학교	강서·양천	초등학교	공립	02-3662-7565
751	서울등명초등학교	강서·양천	초등학교	공립	02-2658-3693
752	서울등서초등학교	강서·양천	초등학교	공립	02-2695-4555
753	서울등양초등학교	강서·양천	초등학교	공립	02-2658-0072
754	서울등원초등학교	강서·양천	초등학교	공립	02-2658-2233
755	서울등촌초등학교	강서·양천	초등학교	공립	02-2653-9374

번호	도서관명	지역	시군구	도서관구분	전화번호
756	서울등현초등학교	강서·양천	초등학교	공립	02-2658-7851
757	서울발산초등학교	강서·양천	초등학교	공립	02-2664-7502
758	서울방화초등학교	강서·양천	초등학교	공립	02-2663-2421
759	서울백석초등학교	강서·양천	초등학교	공립	02-3661-3237
760	서울삼정초등학교	강서·양천	초등학교	공립	02-2661-2273
761	서울송정초등학교	강서·양천	초등학교	공립	02-2662-0016
762	서울송화초등학교	강서·양천	초등학교	공립	02-2665-7093
763	서울신곡초등학교	강서·양천	초등학교	공립	02-2643-2248
764	서울신월초등학교	강서·양천	초등학교	공립	02-2699-4785
765	서울신정초등학교	강서·양천	초등학교	공립	02-2602-3940
766	서울양천초등학교	강서·양천	초등학교	공립	02-3663-0006
767	서울염동초등학교	강서·양천	초등학교	공립	02-3664-1671
768	서울염창초등학교	강서·양천	초등학교	공립	02-3664-0492
769	서울우장초등학교	강서·양천	초등학교	공립	02-2603-9989
770	서울월정초등학교	강서·양천	초등학교	공립	02-2694-2006
771	서울정곡초등학교	강서·양천	초등학교	공립	02-2666-6442
772	서울치현초등학교	강서·양천	초등학교	공립	02-2661-6272
773	서울탑산초등학교	강서·양천	초등학교	공립	02-2659-5101
774	서울화곡초등학교	강서·양천	초등학교	공립	02-2699-3328
775	서울화일초등학교	강서·양천	초등학교	공립	02-2603-6502
776	서울염경초등학교	강서·양천	초등학교	공립	02-3662-0773
777	서울수명초등학교	강서·양천	초등학교	공립	070-4626-6707
778	서울등마초등학교	강서·양천	초등학교	공립	02-2642-0232
779	유석초등학교	강서·양천	초등학교	사립	02-3661-6718
780	경서중학교	강서·양천	중학교	공립	02-2668-0304
781	공항중학교	강서·양천	중학교	공립	02-2662-0471
782	등명중학교	강서·양천	중학교	공립	02-2658-2727
783	등원중학교	강서·양천	중학교	공립	02-2658-2707
784	방원중학교	강서·양천	중학교	공립	02-2666-6014

번호	도서관명	지역	시군구	도서관구분	전화번호
785	방화중학교	강서·양천	중학교	공립	02-2662-4452
786	백석중학교	강서·양천	중학교	공립	02-2644-2886
787	삼정중학교	강서·양천	중학교	공립	02-2666-6033
788	성재중학교	강서·양천	중학교	공립	02-2658-9853
789	송정중학교	강서·양천	중학교	공립	02-2661-0478
790	염창중학교	강서·양천	중학교	공립	02-3664-2885
791	화원중학교	강서·양천	중학교	공립	02-811-2000
792	염경중학교	강서·양천	중학교	공립	02-3661-6252
793	수명중학교	강서·양천	중학교	공립	02-6738-1200
794	마곡중학교	강서·양천	중학교	공립	02-2666-8502
795	덕원중학교	강서·양천	중학교	사립	02-2660-7981
796	등촌중학교	강서·양천	중학교	사립	070-7005-8022
797	마포중학교	강서·양천	중학교	사립	02-3663-2591
798	화곡중학교	강서·양천	중학교	사립	070-8644-6444
799	신정여자중학교	강서·양천	중학교	사립	02-2644-3549
800	명덕여자중학교	강서·양천	중학교	사립	02-2664-8812
801	마곡하늬중학교	강서·양천	중학교	공립	02-6985-5900
802	경인고등학교	서울시	고등학교	공립	02-2618-3043
803	고척고등학교	서울시	고등학교	공립	02-6093-2901
804	구로고등학교	서울시	고등학교	공립	02-851-2065
805	구일고등학교	서울시	고등학교	공립	02-858-2549
806	구현고등학교	서울시	고등학교	공립	02-2628-8925
807	신도림고등학교	서울시	고등학교	공립	02-2068-7979
808	우신고등학교	서울시	고등학교	사립	02-2610-1556
809	오류고등학교	서울시	고등학교	사립	02-2684-2300
810	세종과학고등학교	서울시	고등학교	공립	02-2060-4133
811	서울공연예술고등학교	서울시	고등학교	사립	02-3281-9766
812	덕일전자공업고등학교	서울시	고등학교	사립	02-2613-2762
813	유한공업고등학교	서울시	고등학교	사립	02-2610-0992

번호	도서관명	지역	시군구	도서관구분	전화번호
814	예림디자인고등학교	서울시	고등학교	사립	02-2683-7019
815	서서울생활과학고등학교	서울시	고등학교	사립	02-2613-5272
816	서울개명초등학교	남부	초등학교	공립	02-2684-5117
817	서울개봉초등학교	남부	초등학교	공립	02-2612-6058
818	서울개웅초등학교	남부	초등학교	공립	02-2683-1291
819	서울고산초등학교	남부	초등학교	공립	02-2617-0591
820	서울고척초등학교	남부	초등학교	공립	02-2618-6212
821	서울구로남초등학교	남부	초등학교	공립	02-859-0501
822	서울구로초등학교	남부	초등학교	공립	02-861-1941
823	서울구일초등학교	남부	초등학교	공립	02-869-9101
824	서울덕의초등학교	남부	초등학교	공립	02-2685-0928
825	서울동구로초등학교	남부	초등학교	공립	02-853-2407
826	서울매봉초등학교	남부	초등학교	공립	02-2683-3565
827	서울세곡초등학교	남부	초등학교	공립	02-2613-5275
828	서울신구로초등학교	남부	초등학교	공립	02-862-7192
829	서울신도림초등학교	남부	초등학교	공립	02-2677-2645
830	서울영서초등학교	남부	초등학교	공립	02-838-5212
831	서울영일초등학교	남부	초등학교	공립	02-861-0426
832	서울오류남초등학교	남부	초등학교	공립	02-2681-8466
833	서울오류초등학교	남부	초등학교	공립	02-2612-6412
834	서울오정초등학교	남부	초등학교	공립	02-2686-3165
835	서울온수초등학교	남부	초등학교	공립	02-2684-4902
836	서울미래초등학교	남부	초등학교	공립	02-868-1981
837	서울신미림초등학교	남부	초등학교	공립	02-2676-8644
838	서울고원초등학교	남부	초등학교	공립	02-2066-0960
839	서울천왕초등학교	남부	초등학교	공립	02-6343-4200
840	서울하늘숲초등학교	남부	초등학교	공립	02-2056-5100
841	서울항동초등학교	남부	초등학교	공립	02-480-3600
842	개봉중학교	남부	중학교	공립	02-3660-2400

번호	도서관명	지역	시군구	도서관구분	전화번호
843	개웅중학교	남부	중학교	공립	02-2688-0907
844	고척중학교	남부	중학교	공립	02-6917-7101
845	구로중학교	남부	중학교	공립	02-864-4233
843	개웅중학교	남부	중학교	공립	02-2688-0907
844	고척중학교	남부	중학교	공립	02-6917-7101
845	구로중학교	남부	중학교	공립	02-864-4233
846	구일중학교	남부	중학교	공립	02-2107-9104
847	신도림중학교	남부	중학교	공립	02-2676-1993
848	영림중학교	남부	중학교	공립	02-859-0320
849	영서중학교	남부	중학교	공립	02-856-9567
850	오남중학교	남부	중학교	공립	02-2687-4235
851	오류중학교	남부	중학교	공립	02-2613-5874
852	경인중학교	남부	중학교	공립	02-2612-3471
853	천왕중학교	남부	중학교	공립	02-2618-2833
854	우신중학교	남부	중학교	사립	02-2610-1610
855	항동중학교	남부	중학교	공립	02-2223-0210
856	금천고등학교	서울시	고등학교	공립	02-896-3181
857	독산고등학교	서울시	고등학교	공립	02-857-6248
858	문일고등학교	서울시	고등학교	사립	02-802-2301
859	동일여자고등학교	서울시	고등학교	사립	070-7703-8058
860	서울매그넷고등학교	서울시	고등학교	사립	070-7703-8058
861	서울가산초등학교	남부	초등학교	공립	02-864-3206
862	서울금산초등학교	남부	초등학교	공립	02-806-0254
863	서울금천초등학교	남부	초등학교	공립	02-802-4970
864	서울독산초등학교	남부	초등학교	공립	02-895-0535
865	서울두산초등학교	남부	초등학교	공립	02-804-1112
866	서울문교초등학교	남부	초등학교	공립	02-896-0144
867	서울문백초등학교	남부	초등학교	공립	02-803-4155
868	서울문성초등학교	남부	초등학교	공립	02-6182-3203

번호	도서관명	지역	시군구	도서관구분	전화번호
869	서울백산초등학교	남부	초등학교	공립	02-802-6475
870	서울시흥초등학교	남부	초등학교	공립	02-896-9500
871	서울신흥초등학교	남부	초등학교	공립	02-894-5148
872	서울안천초등학교	남부	초등학교	공립	02-894-0858
873	서울영남초등학교	남부	초등학교	공립	02-861-7147
874	서울정심초등학교	남부	초등학교	공립	02-856-5188
875	서울탑동초등학교	남부	초등학교	공립	02-894-6050
876	서울금동초등학교	남부	초등학교	공립	02-809-2125
877	서울금나래초등학교	남부	초등학교	공립	02-807-9821
878	동광초등학교	남부	초등학교	사립	070-7703-8058
879	가산중학교	남부	중학교	공립	02-804-1777
880	난곡중학교	남부	중학교	공립	02-2283-5200
881	문성중학교	남부	중학교	공립	02-858-8446
882	세일중학교	남부	중학교	공립	02-856-0868
883	시흥중학교	남부	중학교	공립	02-895-2302
884	안천중학교	남부	중학교	공립	02-894-1204
885	한울중학교	남부	중학교	공립	02-856-4941
886	문일중학교	남부	중학교	사립	02-808-0297
887	동일중학교	남부	중학교	사립	070-7703-8058
888	관악고등학교	서울시	고등학교	공립	02-2633-5954
889	대영고등학교	서울시	고등학교	공립	02-847-2019
890	여의도고등학교	서울시	고등학교	공립	070-866-1300
891	영신고등학교	서울시	고등학교	공립	02-834-6051
892	여의도여자고등학교	서울시	고등학교	공립	02-3780-4400
893	영등포여자고등학교	서울시	고등학교	공립	02-843-0479
894	선유고등학교	서울시	고등학교	공립	02-2069-0039
895	장훈고등학교	서울시	고등학교	사립	02-842-6921
896	한강미디어고등학교	서울시	고등학교	공립	02-2671-1448
897	서울당산초등학교	남부	초등학교	공립	02-2633-1046

번호	도서관명	지역	시군구	도서관구분	전화번호
898	서울당서초등학교	남부	초등학교	공립	02-2675-4532
899	서울당중초등학교	남부	초등학교	공립	02-2633-1416
900	서울대길초등학교	남부	초등학교	공립	02-842-4500
901	서울대동초등학교	남부	초등학교	공립	02-6379-6200
902	서울대방초등학교	남부	초등학교	공립	02-833-0083
903	서울대영초등학교	남부	초등학교	공립	02-846-1996
904	서울도림초등학교	남부	초등학교	공립	02-832-0590
905	서울도신초등학교	남부	초등학교	공립	02-835-1501
906	서울문래초등학교	남부	초등학교	공립	02-2677-6861
907	서울신대림초등학교	남부	초등학교	공립	02-849-0737
908	서울신영초등학교	남부	초등학교	공립	02-843-2964
909	서울여의도초등학교	남부	초등학교	공립	02-786-7823
910	서울영동초등학교	남부	초등학교	공립	02-2633-7450
911	서울영등포초등학교	남부	초등학교	공립	02-2633-6544
912	서울영림초등학교	남부	초등학교	공립	02-834-3181
913	서울영신초등학교	남부	초등학교	공립	02-848-8560
914	서울영중초등학교	남부	초등학교	공립	02-2633-9428
915	서울우신초등학교	남부	초등학교	공립	02-834-2258
916	서울윤중초등학교	남부	초등학교	공립	02-782-2042
917	서울영원초등학교	남부	초등학교	공립	02-835-9472
918	서울영문초등학교	남부	초등학교	공립	02-2068-5355
919	서울선유초등학교	남부	초등학교	공립	02-2068-7023
920	당산서중학교	남부	중학교	공립	02-2676-0962
921	당산중학교	남부	중학교	공립	02-2177-9900
922	대림중학교	남부	중학교	공립	02-845-2171
923	대영중학교	남부	중학교	공립	02-848-7781
924	문래중학교	남부	중학교	공립	02-6712-0707
925	선유중학교	남부	중학교	공립	02-2678-6521
926	양화중학교	남부	중학교	공립	02-2229-5706

번호	도서관명	지역	시군구	도서관구분	전화번호
927	여의도중학교	남부	중학교	공립	02-2199-9604
928	영남중학교	남부	중학교	공립	02-831-7701
929	영원중학교	남부	중학교	공립	02-843-2028
930	윤중중학교	남부	중학교	공립	02-783-4478
931	신길중학교	남부	중학교	공립	02-6956-4770
932	동작고등학교	서울시	고등학교	공립	02-588-4196
933	영등포고등학교	서울시	고등학교	공립	02-816-8323
934	수도여자고등학교	서울시	고등학교	공립	02-2102-3506
935	경문고등학교	서울시	고등학교	사립	02-3479-3601
936	성남고등학교	서울시	고등학교	사립	02-815-1334
937	숭의여자고등학교	서울시	고등학교	사립	02-810-7800
938	서울공업고등학교	서울시	고등학교	공립	02-2025-6700
939	서울강남초등학교	동작·관악	초등학교	공립	02-824-4471
940	서울남사초등학교	동작·관악	초등학교	공립	02-522-0333
941	서울남성초등학교	동작·관악	초등학교	공립	02-595-5471
942	서울노량진초등학교	동작·관악	초등학교	공립	02-815-1274
943	서울대림초등학교	동작·관악	초등학교	공립	02-822-1984
944	서울동작초등학교	동작·관악	초등학교	공립	02-537-1773
945	서울문창초등학교	동작·관악	초등학교	공립	02-836-2031
946	서울본동초등학교	동작·관악	초등학교	공립	02-815-1044
947	서울상도초등학교	동작·관악	초등학교	공립	02-823-2168
948	서울신길초등학교	동작·관악	초등학교	공립	02-815-6417
949	서울신남성초등학교	동작·관악	초등학교	공립	02-521-6268
950	서울신상도초등학교	동작·관악	초등학교	공립	02-822-6953
951	서울영본초등학교	동작·관악	초등학교	공립	02-815-4371
952	서울영화초등학교	동작·관악	초등학교	공립	02-824-6051
953	서울은로초등학교	동작·관악	초등학교	공립	02-824-0309
954	서울행림초등학교	동작·관악	초등학교	공립	02-523-1352
955	서울흑석초등학교	동작·관악	초등학교	공립	02-815-3276

번호	도서관명	지역	시군구	도서관구분	전화번호
956	서울보라매초등학교	동작·관악	초등학교	공립	02-836-3001
957	서울삼일초등학교	동작·관악	초등학교	공립	02-3477-9473
958	서울상현초등학교	동작·관악	초등학교	공립	02-826-9740
959	중앙대사범대학부속초등학교	동작·관악	초등학교	사립	02-815-0145
960	강남중학교	동작·관악	중학교	공립	02-814-5637
961	국사봉중학교	동작·관악	중학교	공립	02-823-8715
962	남성중학교	동작·관악	중학교	공립	02-520-7500
963	동작중학교	동작·관악	중학교	공립	02-591-6595
964	문창중학교	동작·관악	중학교	공립	02-821-2359
965	사당중학교	동작·관악	중학교	공립	02-537-7157
966	상도중학교	동작·관악	중학교	공립	02-580-8905
967	영등포중학교	동작·관악	중학교	공립	02-815-6572
968	장승중학교	동작·관악	중학교	공립	02-828-4213
969	강현중학교	동작·관악	중학교	공립	02-815-3939
970	대방중학교	동작·관악	중학교	공립	02-831-2502
971	상현중학교	동작·관악	중학교	공립	02-815-5375
972	동양중학교	동작·관악	중학교	사립	02-814-9651
973	성남중학교	동작·관악	중학교	사립	02-815-1334
974	중앙대사범대학부속중학교	동작·관악	중학교	사립	02-827-9103
975	숭의여자중학교	동작·관악	중학교	사립	02-810-7700
976	당곡고등학교	서울시	고등학교	공립	02-6717-5200
977	삼성고등학교	서울시	고등학교	공립	02-871-7582
978	신림고등학교	서울시	고등학교	공립	02-6219-8300
979	인헌고등학교	서울시	고등학교	공립	02-886-6253
980	구암고등학교	서울시	고등학교	공립	02-879-9813
981	광신고등학교	서울시	고등학교	사립	02-881-8507
982	남강고등학교	서울시	고등학교	사립	02-839-1715
983	성보고등학교	서울시	고등학교	사립	02-862-8409
984	영락고등학교	서울시	고등학교	사립	02-884-1003

번호	도서관명	지역	시군구	도서관구분	전화번호
985	서울문영여자고등학교	서울시	고등학교	사립	02-873-3624
986	미림여자고등학교	서울시	고등학교	사립	02-886-1811
987	미림여자정보과학고등학교	서울시	고등학교	사립	070-5099-8355
988	서울여자상업고등학교	서울시	고등학교	사립	02-873-3613
989	영락의료과학고등학교	서울시	고등학교	사립	02-884-1882
990	서울관광고등학교	서울시	고등학교	사립	02-886-9165
991	광신방송예술고등학교	서울시	고등학교	사립	02-881-8510
992	서울관악초등학교	동작·관악	초등학교	공립	02-874-3832
993	서울구암초등학교	동작·관악	초등학교	공립	02-871-6041
994	서울난곡초등학교	동작·관악	초등학교	공립	02-855-2131
995	서울난우초등학교	동작·관악	초등학교	공립	070-7874-1206
996	서울난향초등학교	동작·관악	초등학교	공립	02-839-0291
997	서울남부초등학교	동작·관악	초등학교	공립	02-857-5032
998	서울당곡초등학교	동작·관악	초등학교	공립	02-872-4683
999	서울미성초등학교	동작·관악	초등학교	공립	02-839-8302
1000	서울봉천초등학교	동작·관악	초등학교	공립	02-888-3927
1001	서울사당초등학교	동작·관악	초등학교	공립	02-522-4180
1002	서울삼성초등학교	동작·관악	초등학교	공립	02-877-9144
1003	서울신림초등학교	동작·관악	초등학교	공립	02-856-3127
1004	서울신봉초등학교	동작·관악	초등학교	공립	02-871-9616
1005	서울신성초등학교	동작·관악	초등학교	공립	070-8622-8154
1006	서울신우초등학교	동작·관악	초등학교	공립	02-874-9812
1007	서울원당초등학교	동작·관악	초등학교	공립	02-877-4940
1008	서울은천초등학교	동작·관악	초등학교	공립	02-883-6321
1009	서울인헌초등학교	동작·관악	초등학교	공립	02-872-8101
1010	서울청룡초등학교	동작·관악	초등학교	공립	02-871-5850
1011	서울원신초등학교	동작·관악	초등학교	공립	02-888-1813
1012	서울봉현초등학교	동작·관악	초등학교	공립	02-885-1985
1013	서울조원초등학교	동작·관악	초등학교	공립	02-869-2235

번호	도서관명	지역	시군구	도서관구분	전화번호
1014	관악중학교	동작·관악	중학교	공립	02-889-1782
1015	난우중학교	동작·관악	중학교	공립	02-863-7225
1014	관악중학교	동작·관악	중학교	공립	02-889-1782
1015	난우중학교	동작·관악	중학교	공립	02-863-7225
1016	남서울중학교	동작·관악	중학교	공립	02-855-9832
1017	당곡중학교	동작·관악	중학교	공립	02-870-7700
1018	미성중학교	동작·관악	중학교	공립	02-860-0900
1019	봉림중학교	동작·관악	중학교	공립	02-888-1281
1020	신관중학교	동작·관악	중학교	공립	02-885-6893
1021	신림중학교	동작·관악	중학교	공립	02-882-1929
1022	인헌중학교	동작·관악	중학교	공립	02-877-6760
1023	봉원중학교	동작·관악	중학교	공립	02-879-1542
1024	삼성중학교	동작·관악	중학교	공립	02-871-6242
1025	구암중학교	동작·관악	중학교	공립	02-881-2900
1026	광신중학교	동작·관악	중학교	사립	02-881-8508
1027	남강중학교	동작·관악	중학교	사립	02-839-1709
1028	성보중학교	동작·관악	중학교	사립	02-818-9705
1029	서울문영여자중학교	동작·관악	중학교	사립	02-871-8921
1030	반포고등학교	서울시	고등학교	공립	02-2258-4100
1031	서울고등학교	서울시	고등학교	공립	02-582-8151
1032	서초고등학교	서울시	고등학교	공립	02-584-4234
1033	양재고등학교	서울시	고등학교	공립	02-571-4457
1034	언남고등학교	서울시	고등학교	공립	02-575-2680
1035	상문고등학교	서울시	고등학교	사립	02-586-3141
1036	세화고등학교	서울시	고등학교	사립	02-594-4886
1037	동덕여자고등학교	서울시	고등학교	사립	02-586-5418
1038	서문여자고등학교	서울시	고등학교	사립	02-591-4581
1039	세화여자고등학교	서울시	고등학교	사립	02-537-2131
1040	서울전자고등학교	서울시	고등학교	공립	02-6011-4100

번호	도서관명	지역	시군구	도서관구분	전화번호
1041	서울교육대학교부설초등학교	강남·서초	초등학교	국립	02-6009-6000
1042	서울반원초등학교	강남·서초	초등학교	공립	02-599-5662
1043	서울방배초등학교	강남·서초	초등학교	공립	02-595-9612
1044	서울방일초등학교	강남·서초	초등학교	공립	02-3472-5142
1045	서울방현초등학교	강남·서초	초등학교	공립	02-521-9878
1046	서울서래초등학교	강남·서초	초등학교	공립	02-595-7512
1047	서울서원초등학교	강남·서초	초등학교	공립	02-594-5151
1048	서울서이초등학교	강남·서초	초등학교	공립	02-3474-7021
1049	서울서일초등학교	강남·서초	초등학교	공립	02-598-5013
1050	서울서초초등학교	강남·서초	초등학교	공립	02-3482-0831
1051	서울신동초등학교	강남·서초	초등학교	공립	02-6960-4500
1052	서울신중초등학교	강남·서초	초등학교	공립	070-5125-8906
1053	서울양재초등학교	강남·서초	초등학교	공립	02-573-4432
1054	서울언남초등학교	강남·서초	초등학교	공립	070-8686-4107
1055	서울우암초등학교	강남·서초	초등학교	공립	02-529-3256
1056	서울원명초등학교	강남·서초	초등학교	공립	02-593-4492
1057	서울원촌초등학교	강남·서초	초등학교	공립	02-536-0816
1058	서울이수초등학교	강남·서초	초등학교	공립	02-521-5282
1059	서울잠원초등학교	강남·서초	초등학교	공립	02-599-4262
1060	서울매헌초등학교	강남·서초	초등학교	공립	02-578-9767
1061	서울우면초등학교	강남·서초	초등학교	공립	02-2057-1671
1062	서울우솔초등학교	강남·서초	초등학교	공립	02-3463-9069
1063	계성초등학교	강남·서초	초등학교	사립	02-590-5500
1064	경원중학교	강남·서초	중학교	공립	02-593-6578
1065	반포중학교	강남·서초	중학교	공립	02-599-2304
1066	방배중학교	강남·서초	중학교	공립	02-6016-2329
1067	서운중학교	강남·서초	중학교	공립	02-3473-2701
1068	서일중학교	강남·서초	중학교	공립	02-3482-9663
1069	서초중학교	강남·서초	중학교	공립	02-6401-4824

번호	도서관명	지역	시군구	도서관구분	전화번호
1070	신동중학교	강남·서초	중학교	공립	02-594-6456
1071	신반포중학교	강남·서초	중학교	공립	02-537-6731
1072	언남중학교	강남·서초	중학교	공립	02-577-3038
1073	영동중학교	강남·서초	중학교	공립	02-3474-7386
1074	원촌중학교	강남·서초	중학교	공립	02-3482-6053
1075	이수중학교	강남·서초	중학교	공립	02-521-4651
1076	내곡중학교	강남·서초	중학교	공립	02-571-9532
1077	동덕여자중학교	강남·서초	중학교	사립	02-586-5414
1078	서문여자중학교	강남·서초	중학교	사립	02-3015-3600
1079	세화여자중학교	강남·서초	중학교	사립	02-594-8722
1080	개포고등학교	서울시	고등학교	공립	02-576-3333
1081	경기고등학교	서울시	고등학교	공립	02-3496-7305
1082	압구정고등학교	서울시	고등학교	공립	02-549-0214
1083	청담고등학교	서울시	고등학교	공립	02-3496-8203
1084	경기여자고등학교	서울시	고등학교	공립	02-573-6797
1085	단국대학교사범대학부속고등학교	서울시	고등학교	사립	02-2191-2604
1086	서울세종고등학교	서울시	고등학교	사립	070-8668-3119
1087	영동고등학교	서울시	고등학교	사립	02-542-5071
1088	중동고등학교	서울시	고등학교	사립	02-2040-2590
1089	중산고등학교	서울시	고등학교	사립	02-2112-9094
1090	중앙대학교사범대학부속고등학교	서울시	고등학교	사립	02-579-4005
1091	현대고등학교	서울시	고등학교	사립	02-546-6323
1092	휘문고등학교	서울시	고등학교	사립	02-500-9500
1093	숙명여자고등학교	서울시	고등학교	사립	02-3462-5011
1094	은광여자고등학교	서울시	고등학교	사립	02-3462-2005
1095	진선여자고등학교	서울시	고등학교	사립	02-2148-0407
1096	풍문고등학교	서울시	고등학교	사립	02-3451-8812
1097	국립국악고등학교	서울시	고등학교	국립	02-3460-0511

번호	도서관명	지역	시군구	도서관구분	전화번호
1098	서울로봇고등학교	서울시	고등학교	공립	02-2226-2141
1099	단국대학교부속소프트웨어고등학교	서울시	고등학교	사립	02-2116-0105
1100	대진디자인고등학교	서울시	고등학교	사립	02-2226-8418
1101	수도전기공업고등학교	서울시	고등학교	사립	02-524-9907
1102	서울개일초등학교	강남·서초	초등학교	공립	02-571-8320
1103	서울개포초등학교	강남·서초	초등학교	공립	02-6952-4092
1104	서울구룡초등학교	강남·서초	초등학교	공립	02-573-5017
1105	서울논현초등학교	강남·서초	초등학교	공립	02-514-6636
1106	서울대곡초등학교	강남·서초	초등학교	공립	02-565-1942
1107	서울대도초등학교	강남·서초	초등학교	공립	070-7496-9607
1108	서울대모초등학교	강남·서초	초등학교	공립	02-2226-3715
1109	서울대왕초등학교	강남·서초	초등학교	공립	02-3412-0122
1110	서울대진초등학교	강남·서초	초등학교	공립	02-3412-0472
1111	서울대청초등학교	강남·서초	초등학교	공립	02-459-2152
1112	서울내치초등학교	강남·서초	초등학교	공립	02-555-2455
1113	서울대현초등학교	강남·서초	초등학교	공립	02-553-6922
1114	서울도곡초등학교	강남·서초	초등학교	공립	02-580-4500
1115	서울도성초등학교	강남·서초	초등학교	공립	02-567-0039
1116	서울봉은초등학교	강남·서초	초등학교	공립	02-540-2892
1117	서울삼릉초등학교	강남·서초	초등학교	공립	02-545-4502
1118	서울수서초등학교	강남·서초	초등학교	공립	02-459-1334
1119	서울신구초등학교	강남·서초	초등학교	공립	02-549-6815
1120	서울압구정초등학교	강남·서초	초등학교	공립	02-3446-9646
1121	서울양전초등학교	강남·서초	초등학교	공립	02-3411-8982
1122	서울언북초등학교	강남·서초	초등학교	공립	02-514-5981
1123	서울언주초등학교	강남·서초	초등학교	공립	02-3462-5285
1124	서울역삼초등학교	강남·서초	초등학교	공립	02-563-9168
1125	서울영희초등학교	강남·서초	초등학교	공립	02-2226-6016

번호	도서관명	지역	시군구	도서관구분	전화번호
1126	서울왕북초등학교	강남·서초	초등학교	공립	02-451-5073
1127	서울일원초등학교	강남·서초	초등학교	공립	02-445-8815
1128	서울청담초등학교	강남·서초	초등학교	공립	02-542-3779
1129	서울포이초등학교	강남·서초	초등학교	공립	02-578-7334
1130	서울학동초등학교	강남·서초	초등학교	공립	02-546-5185
1131	서울세명초등학교	강남·서초	초등학교	공립	02-2040-0800
1132	서울율현초등학교	강남·서초	초등학교	공립	02-3413-8804
1133	서울자곡초등학교	강남·서초	초등학교	공립	02-3413-8700
1134	개원중학교	강남·서초	중학교	공립	02-3411-8321
1135	구룡중학교	강남·서초	중학교	공립	02-577-3708
1136	압구정중학교	강남·서초	중학교	공립	02-514-7248
1137	대명중학교	강남·서초	중학교	공립	02-563-3701
1138	대왕중학교	강남·서초	중학교	공립	02-2226-2646
1139	대청중학교	강남·서초	중학교	공립	02-553-9830
1140	대치중학교	강남·서초	중학교	공립	02-572-9780
1141	도곡중학교	강남·서초	중학교	공립	02-3462-5951
1142	봉은중학교	강남·서초	중학교	공립	02-547-5628
1143	수서중학교	강남·서초	중학교	공립	02-451-7092
1144	신구중학교	강남·서초	중학교	공립	02-548-5038
1145	신사중학교	강남·서초	중학교	공립	02-541-1062
1146	언북중학교	강남·서초	중학교	공립	02-544-1311
1147	언주중학교	강남·서초	중학교	공립	02-514-7174
1148	역삼중학교	강남·서초	중학교	공립	02-558-1501
1149	청담중학교	강남·서초	중학교	공립	02-511-5151
1150	세곡중학교	강남·서초	중학교	공립	02-2040-2906
1151	단국대사범대학부속중학교	강남·서초	중학교	사립	02-2191-2607
1152	중동중학교	강남·서초	중학교	사립	070-7092-9382
1153	휘문중학교	강남·서초	중학교	사립	02-500-9700
1154	진선여자중학교	강남·서초	중학교	사립	02-2185-4300

번호	도서관명	지역	시군구	도서관구분	전화번호
1155	가락고등학교	서울시	고등학교	공립	02-416-4658
1156	오금고등학교	서울시	고등학교	공립	02-406-0592
1157	잠신고등학교	서울시	고등학교	공립	02-417-8771
1158	잠실고등학교	서울시	고등학교	공립	02-2141-3700
1159	창덕여자고등학교	서울시	고등학교	공립	02-401-4924
1160	방산고등학교	서울시	고등학교	공립	02-418-2602
1161	문정고등학교	서울시	고등학교	공립	02-406-0061
1162	문현고등학교	서울시	고등학교	공립	02-6951-8704
1163	잠일고등학교	서울시	고등학교	공립	02-2141-2000
1164	배명고등학교	서울시	고등학교	사립	070-4014-2594
1165	보성고등학교	서울시	고등학교	사립	02-2152-2552
1166	덕수고등학교(일반고)	서울시	고등학교	공립	02-6952-2801
1167	보인고등학교	서울시	고등학교	사립	02-2043-6021
1168	영동일고등학교	서울시	고등학교	사립	02-430-6822
1169	영파여자고등학교	서울시	고등학교	사립	02-483-8881
1170	잠실여자고등학교	서울시	고등학교	사립	02-2140-8023
1171	정신여자고등학교	서울시	고등학교	사립	070-4619-5836
1172	서울인공지능고등학교	서울시	고등학교	공립	02-711-0507
1173	일신여자상업고등학교	서울시	고등학교	사립	02-2140-8222
1174	서울가동초등학교	강동·송파	초등학교	공립	02-448-5766
1175	서울가락초등학교	강동·송파	초등학교	공립	02-3402-1161
1176	서울가원초등학교	강동·송파	초등학교	공립	02-405-4555
1177	서울가주초등학교	강동·송파	초등학교	공립	02-3401-0443
1178	서울거여초등학교	강동·송파	초등학교	공립	02-2160-5400
1179	서울거원초등학교	강동·송파	초등학교	공립	02-6919-3700
1180	서울남천초등학교	강동·송파	초등학교	공립	02-3401-0651
1181	서울마천초등학교	강동·송파	초등학교	공립	02-400-6773
1182	서울문덕초등학교	강동·송파	초등학교	공립	02-409-9817
1183	서울문정초등학교	강동·송파	초등학교	공립	02-404-8501

번호	도서관명	지역	시군구	도서관구분	전화번호
1184	서울방산초등학교	강동·송파	초등학교	공립	02-420-5221
1185	서울방이초등학교	강동·송파	초등학교	공립	02-420-8477
1186	서울삼전초등학교	강동·송파	초등학교	공립	02-415-8701
1187	서울석촌초등학교	강동·송파	초등학교	공립	02-416-4075
1188	서울세륜초등학교	강동·송파	초등학교	공립	02-443-9561
1189	서울송전초등학교	강동·송파	초등학교	공립	02-420-6124
1190	서울송파초등학교	강동·송파	초등학교	공립	02-414-0644
1191	서울신가초등학교	강동·송파	초등학교	공립	02-401-4677
1192	서울신천초등학교	강동·송파	초등학교	공립	02-422-0289
1193	서울아주초등학교	강동·송파	초등학교	공립	02-416-8388
1194	서울영풍초등학교	강동·송파	초등학교	공립	02-407-2252
1195	서울오금초등학교	강동·송파	초등학교	공립	02-449-9902
1196	서울오륜초등학교	강동·송파	초등학교	공립	02-403-8823
1197	서울잠동초등학교	강동·송파	초등학교	공립	02-419-5464
1198	서울잠신초등학교	강동·송파	초등학교	공립	02-412-3286
1199	서울잠실초등학교	강동·송파	초등학교	공립	02-3432-3571
1200	서울잠일초등학교	강동·송파	초등학교	공립	02-413-2853
1201	서울잠전초등학교	강동·송파	초등학교	공립	02-423-5625
1202	서울중대초등학교	강동·송파	초등학교	공립	02-422-7236
1203	서울토성초등학교	강동·송파	초등학교	공립	02-475-5036
1204	서울평화초등학교	강동·송파	초등학교	공립	02-443-2748
1205	서울풍납초등학교	강동·송파	초등학교	공립	02-477-8151
1206	서울풍성초등학교	강동·송파	초등학교	공립	02-485-9957
1207	서울버들초등학교	강동·송파	초등학교	공립	02-2203-6412
1208	서울문현초등학교	강동·송파	초등학교	공립	02-402-9170
1209	서울개롱초등학교	강동·송파	초등학교	공립	02-3401-4467
1210	서울잠현초등학교	강동·송파	초등학교	공립	02-415-8105
1211	서울송례초등학교	강동·송파	초등학교	공립	02-2144-3888
1212	서울위례별초등학교	강동·송파	초등학교	공립	02-409-2112

번호	도서관명	지역	시군구	도서관구분	전화번호
1213	서울위례솔초등학교	강동·송파	초등학교	공립	02-6922-8800
1214	서울해누리초등학교	강동·송파	초등학교	공립	02-407-1988
1215	가락중학교	강동·송파	중학교	공립	02-2143-3102
1216	가원중학교	강동·송파	중학교	공립	02-409-2179
1217	거원중학교	강동·송파	중학교	공립	02-405-4205
1218	문정중학교	강동·송파	중학교	공립	02-448-6348
1219	방산중학교	강동·송파	중학교	공립	02-2046-2629
1220	방이중학교	강동·송파	중학교	공립	02-2152-7111
1221	석촌중학교	강동·송파	중학교	공립	02-448-4031
1222	세륜중학교	강동·송파	중학교	공립	02-411-1000
1223	송파중학교	강동·송파	중학교	공립	02-402-0118
1224	신천중학교	강동·송파	중학교	공립	02-422-3946
1225	아주중학교	강동·송파	중학교	공립	02-415-1697
1226	오금중학교	강동·송파	중학교	공립	02-402-4778
1227	오륜중학교	강동·송파	중학교	공립	02-3434-4100
1228	오주중학교	강동·송파	중학교	공립	02-3434-7500
1229	잠신중학교	강동·송파	중학교	공립	02-2251-1234
1230	잠실중학교	강동·송파	중학교	공립	02-420-8051
1231	풍납중학교	강동·송파	중학교	공립	02-2225-2000
1232	풍성중학교	강동·송파	중학교	공립	02-2224-7700
1233	문현중학교	강동·송파	중학교	공립	02-407-4095
1234	해누리중학교	강동·송파	중학교	공립	02-403-1994
1235	위례솔중학교	강동·송파	중학교	공립	02-402-0122
1236	배명중학교	강동·송파	중학교	사립	02-414-5474
1237	보성중학교	강동·송파	중학교	사립	02-2152-2552
1238	보인중학교	강동·송파	중학교	사립	02-449-6017
1239	영파여자중학교	강동·송파	중학교	사립	02-470-7876
1240	일신여자중학교	강동·송파	중학교	사립	02-2140-8131
1241	정신여자중학교	강동·송파	중학교	사립	02-423-2776

번호	도서관명	지역	시군구	도서관구분	전화번호
1242	송례중학교	강동·송파	중학교	공립	02-2144-2800
1243	서울체육중학교	강동·송파	중학교	공립	02-2140-9801
1244	둔촌고등학교	서울시	고등학교	공립	02-485-9873
1245	명일여자고등학교	서울시	고등학교	공립	02-481-8192
1246	강일고등학교	서울시	고등학교	공립	02-428-6200
1247	선사고등학교	서울시	고등학교	공립	02-3427-4478
1248	강동고등학교	서울시	고등학교	사립	02-427-0233
1249	광문고등학교	서울시	고등학교	사립	02-427-2872
1250	동북고등학교	서울시	고등학교	사립	02-477-2280
1251	성덕고등학교	서울시	고등학교	사립	02-475-4620
1252	배재고등학교	서울시	고등학교	사립	02-428-1885
1253	한영고등학교	서울시	고등학교	사립	02-6954-6503
1254	상일여자고등학교	서울시	고등학교	사립	02-428-0435
1255	한영외국어고등학교	서울시	고등학교	사립	02-6954-1227
1256	상일미디어고등학교	서울시	고등학교	사립	02-428-0733
1257	서울컨벤션고등학교	서울시	고등학교	사립	02-3427-7400
1258	서울강덕초등학교	강동·송파	초등학교	공립	02-426-0871
1259	서울강동초등학교	강동·송파	초등학교	공립	02-489-3215
1260	서울고덕초등학교	강동·송파	초등학교	공립	02-427-0525
1261	서울고명초등학교	강동·송파	초등학교	공립	02-3428-5112
1262	서울고일초등학교	강동·송파	초등학교	공립	02-428-9088
1263	서울길동초등학교	강동·송파	초등학교	공립	02-475-5591
1264	서울대명초등학교	강동·송파	초등학교	공립	02-481-7871
1265	서울명덕초등학교	강동·송파	초등학교	공립	02-441-2156
1266	서울명원초등학교	강동·송파	초등학교	공립	02-428-2433
1267	서울명일초등학교	강동·송파	초등학교	공립	02-441-5313
1268	서울묘곡초등학교	강동·송파	초등학교	공립	02-427-4167
1269	서울상일초등학교	강동·송파	초등학교	공립	02-428-0348
1270	서울선린초등학교	강동·송파	초등학교	공립	02-471-9800

번호	도서관명	지역	시군구	도서관구분	전화번호
1271	서울성내초등학교	강동·송파	초등학교	공립	02-470-6354
1272	서울성일초등학교	강동·송파	초등학교	공립	02-475-4641
1273	서울신명초등학교	강동·송파	초등학교	공립	02-489-4074
1274	서울신암초등학교	강동·송파	초등학교	공립	02-3427-0351
1275	서울천동초등학교	강동·송파	초등학교	공립	02-483-4445
1276	서울천일초등학교	강동·송파	초등학교	공립	02-472-8700
1277	서울천호초등학교	강동·송파	초등학교	공립	02-470-9771
1278	서울강일초등학교	강동·송파	초등학교	공립	02-3426-6472
1279	서울한산초등학교	강동·송파	초등학교	공립	02-475-5762
1280	서울선사초등학교	강동·송파	초등학교	공립	02-441-3492
1281	서울강명초등학교	강동·송파	초등학교	공립	02-426-0678
1282	서울강솔초등학교	강동·송파	초등학교	공립	02-2147-5700
1283	서울강빛초등학교	강동·송파	초등학교	공립	02-6951-3963
1284	서울고현초등학교	강동·송파	초등학교	공립	02-427-9677
1285	강일중학교	강동·송파	중학교	공립	02-441-4651
1286	고덕중학교	강동·송파	중학교	공립	02-2045-6000
1287	둔촌중학교	강동·송파	중학교	공립	02-489-7100
1288	성내중학교	강동·송파	중학교	공립	02-480-1600
1289	신명중학교	강동·송파	중학교	공립	02-6969-6400
1290	신암중학교	강동·송파	중학교	공립	02-441-6751
1291	천일중학교	강동·송파	중학교	공립	02-470-3542
1292	천호중학교	강동·송파	중학교	공립	02-470-7075
1293	한산중학교	강동·송파	중학교	공립	02-474-4903
1294	명일중학교	강동·송파	중학교	공립	070-5102-5713
1295	강동중학교	강동·송파	중학교	공립	02-481-1503
1296	강명중학교	강동·송파	중학교	공립	02-440-3200
1297	동북중학교	강동·송파	중학교	사립	02-477-2280
1298	동신중학교	강동·송파	중학교	사립	02-3784-3938
1299	배재중학교	강동·송파	중학교	사립	02-429-1885

번호	도서관명	지역	시군구	도서관구분	전화번호
1300	한영중학교	강동·송파	중학교	사립	02-6954-1227
1301	상일중학교	강동·송파	중학교	사립	02-428-0735
1302	성덕여자중학교	강동·송파	중학교	사립	02-2045-5003
1303	강빛중학교	강동·송파	중학교	공립	02-6951-3964
1304	남성여자고등학교	부산시	고등학교	사립	051-461-0512
1305	동주여자고등학교	부산시	고등학교	사립	051-240-3005
1306	혜광고등학교	부산시	고등학교	사립	051-250-1081
1307	부산디지털고등학교	부산시	고등학교	사립	051-460-0300
1308	보수초등학교	서부	초등학교	공립	051-255-7975
1309	광일초등학교	서부	초등학교	공립	051-603-5000
1310	봉래초등학교	서부	초등학교	공립	051-719-1500
1311	남성초등학교	서부	초등학교	사립	051-469-7963
1312	덕원중학교	서부	중학교	사립	051-790-8150
1313	경남고등학교	부산시	고등학교	공립	051-250-5000
1314	부경고등학교	부산시	고등학교	공립	051-600-8555
1315	부산서여자고등학교	부산시	고등학교	공립	051-248-1561
1316	경성전자고등학교	부산시	고등학교	사립	051-253-2454
1317	부산관광고등학교	부산시	고등학교	사립	051-248-3126
1318	구덕초등학교	서부	초등학교	공립	051-242-6600
1319	남부민초등학교	서부	초등학교	공립	051-247-3901
1320	대신초등학교	서부	초등학교	공립	051-240-0800
1321	동신초등학교	서부	초등학교	공립	051-240-0700
1322	부민초등학교	서부	초등학교	공립	051-603-2100
1323	부산알로이시오초등학교	서부	초등학교	사립	051-231-6581
1324	송도초등학교	서부	초등학교	공립	051-250-5705
1325	아미초등학교	서부	초등학교	공립	051-240-6001
1326	천마초등학교	서부	초등학교	공립	051-250-6701
1327	토성초등학교	서부	초등학교	공립	051-250-0800
1328	화랑초등학교	서부	초등학교	공립	051-793-7300

번호	도서관명	지역	시군구	도서관구분	전화번호
1329	초장중학교	서부	중학교	공립	051-242-1412
1330	경남중학교	서부	중학교	공립	051-250-7501
1329	초장중학교	서부	중학교	공립	051-242-1412
1330	경남중학교	서부	중학교	공립	051-250-7501
1331	부산대신중학교	서부	중학교	공립	051-240-1400
1332	부산여자중학교	서부	중학교	공립	051-240-0903
1333	부산중앙여자중학교	서부	중학교	공립	051-241-8806
1334	대신여자중학교	서부	중학교	사립	051-248-1814
1335	송도중학교	서부	중학교	사립	051-248-3726
1336	경남여자고등학교	부산시	고등학교	공립	051-600-0802
1337	부산고등학교	부산시	고등학교	공립	051-600-0700
1338	금성고등학교	부산시	고등학교	사립	051-632-1131
1339	데레사여자고등학교	부산시	고등학교	사립	051-640-1112
1340	부산컴퓨터과학고등학교	부산시	고등학교	사립	051-460-0590
1341	초량초등학교	남부	초등학교	공립	051-468-5115
1342	동일중앙초등학교	남부	초등학교	공립	051-460-0170
1343	범일초등학교	남부	초등학교	공립	051-630-6000
1344	성남초등학교	남부	초등학교	공립	051-646-5358
1345	수성초등학교	남부	초등학교	공립	051-968-7605
1346	수정초등학교	남부	초등학교	공립	051-719-1800
1347	경남여자중학교	남부	중학교	공립	051-460-0700
1348	부산서중학교	남부	중학교	공립	051-440-3800
1349	부산중학교	남부	중학교	공립	051-950-5700
1350	부산동여자중학교	남부	중학교	사립	051-467-8279
1351	선화여자중학교	남부	중학교	사립	051-460-0650
1352	영도여자고등학교	부산시	고등학교	공립	051-403-8814
1353	부산남고등학교	부산시	고등학교	공립	051-403-7001
1354	광명고등학교	부산시	고등학교	사립	070-4331-7704
1355	부산체육고등학교	부산시	고등학교	공립	051-400-3021

번호	도서관명	지역	시군구	도서관구분	전화번호
1356	부산영상예술고등학교	부산시	고등학교	공립	051-419-0324
1357	부산보건고등학교	부산시	고등학교	사립	051-418-9253
1358	부산해사고등학교	부산시	고등학교	국립	051-410-2000
1359	남항초등학교	서부	초등학교	공립	051-417-4142
1360	대교초등학교	서부	초등학교	공립	051-410-2500
1361	대평초등학교	서부	초등학교	공립	051-410-0506
1362	동삼초등학교	서부	초등학교	공립	051-403-9555
1363	봉삼초등학교	서부	초등학교	공립	051-405-0916
1364	봉학초등학교	서부	초등학교	공립	051-410-0605
1365	상리초등학교	서부	초등학교	공립	051-719-5800
1366	신선초등학교	서부	초등학교	공립	051-719-1303
1367	영도초등학교	서부	초등학교	공립	051-604-0104
1368	절영초등학교	서부	초등학교	공립	051-403-5648
1369	중리초등학교	서부	초등학교	공립	051-400-2500
1370	청동초등학교	서부	초등학교	공립	051-400-2806
1371	청학초등학교	서부	초등학교	공립	051-662-0100
1372	태종대초등학교	서부	초등학교	공립	051-400-2192
1373	영도제일중학교	서부	중학교	공립	051-404-5493
1374	부산남중학교	서부	중학교	공립	051-792-1123
1375	부산영선중학교	서부	중학교	공립	051-418-5608
1376	신선중학교	서부	중학교	공립	051-600-1500
1377	태종대중학교	서부	중학교	공립	051-400-2700
1378	남도여자중학교	서부	중학교	사립	051-413-1619
1379	해동중학교	서부	중학교	사립	051-400-2300
1380	부산진고등학교	부산시	고등학교	공립	051-810-0505
1381	경원고등학교	부산시	고등학교	사립	051-898-2216
1382	개금고등학교	부산시	고등학교	공립	051-890-5605
1383	성모여자고등학교	부산시	고등학교	사립	051-850-2212
1384	개성고등학교	부산시	고등학교	공립	051-890-4105

번호	도서관명	지역	시군구	도서관구분	전화번호
1385	가야고등학교	부산시	고등학교	사립	051-893-1881
1386	부산동고등학교	부산시	고등학교	사립	051-802-0624
1387	부산동성고등학교	부산시	고등학교	사립	051-802-4631
1388	부산진여자고등학교	부산시	고등학교	사립	051-668-9304
1389	양정고등학교	부산시	고등학교	사립	051-850-1500
1390	한국과학영재학교	부산시	고등학교	국립	051-606-2104
1391	부산국제고등학교	부산시	고등학교	공립	051-890-8406
1392	경남공업고등학교	부산시	고등학교	공립	051-607-7300
1393	동의공업고등학교	부산시	고등학교	사립	051-811-7510
1394	부산진여자상업고등학교	부산시	고등학교	공립	051-850-3500
1395	부산마케팅고등학교	부산시	고등학교	사립	051-803-1264
1396	세정고등학교	부산시	고등학교	사립	051-860-1500
1397	부산정보고등학교	부산시	고등학교	사립	051-853-0871
1398	가남초등학교	남부	초등학교	공립	051-891-2618
1399	가사초등학교	남부	초등학교	공립	051-892-9765
1400	가야초등학교	남부	초등학교	공립	051-893-6768
1401	가평초등학교	남부	초등학교	공립	051-895-1351
1402	개금초등학교	남부	초등학교	공립	051-893-0421
1403	개포초등학교	남부	초등학교	공립	051-930-8000
1404	개화초등학교	남부	초등학교	공립	051-890-0100
1405	당감초등학교	남부	초등학교	공립	051-897-7081
1406	당평초등학교	남부	초등학교	공립	051-890-8506
1407	개림초등학교	남부	초등학교	공립	051-607-7030
1408	동평초등학교	남부	초등학교	공립	051-718-0100
1409	동원초등학교	남부	초등학교	공립	051-890-0200
1410	성북초등학교	남부	초등학교	공립	051-802-0874
1411	부암초등학교	남부	초등학교	공립	051-816-2675
1412	부산진초등학교	남부	초등학교	공립	051-801-2800
1413	부전초등학교	남부	초등학교	공립	051-811-7800

번호	도서관명	지역	시군구	도서관구분	전화번호
1414	선암초등학교	남부	초등학교	공립	051-646-7955
1415	성서초등학교	남부	초등학교	공립	051-631-0481
1416	성전초등학교	남부	초등학교	공립	051-719-5700
1417	성지초등학교	남부	초등학교	공립	051-816-0242
1418	양동초등학교	남부	초등학교	공립	051-863-1656
1419	양성초등학교	남부	초등학교	공립	051-851-0987
1420	양정초등학교	남부	초등학교	공립	051-852-0903
1421	연지초등학교	남부	초등학교	공립	051-816-0541
1422	연학초등학교	남부	초등학교	공립	051-718-2816
1423	전포초등학교	남부	초등학교	공립	051-809-7852
1424	주례초등학교	남부	초등학교	공립	051-890-5500
1425	주원초등학교	남부	초등학교	공립	051-894-4154
1426	초읍초등학교	남부	초등학교	공립	051-797-9400
1427	동양초등학교	남부	초등학교	공립	051-819-9103
1428	개원초등학교	남부	초등학교	공립	051-927-9640
1429	동성초등학교	남부	초등학교	사립	051-803-8987
1430	가야여자중학교	남부	중학교	공립	051-890-5400
1431	개금여자중학교	남부	중학교	공립	051-607-3072
1432	광무여자중학교	남부	중학교	공립	051-605-1704
1433	동양중학교	남부	중학교	공립	051-606-2500
1434	동평여자중학교	남부	중학교	공립	051-817-4603
1435	동평중학교	남부	중학교	공립	051-605-1613
1436	개림중학교	남부	중학교	공립	051-890-0801
1437	양동여자중학교	남부	중학교	공립	051-713-5500
1438	부산개성중학교	남부	중학교	공립	051-801-1113
1439	부산진여자중학교	남부	중학교	공립	051-605-5601
1440	부산진중학교	남부	중학교	공립	051-808-1052
1441	초연중학교	남부	중학교	공립	051-609-0300
1442	초읍중학교	남부	중학교	공립	051-817-6694

번호	도서관명	지역	시군구	도서관구분	전화번호
1443	덕명여자중학교	남부	중학교	사립	051-802-4632
1444	동의중학교	남부	중학교	사립	051-816-8691
1445	부산동중학교	남부	중학교	사립	051-802-0494
1446	서면중학교	남부	중학교	사립	051-816-9016
1447	항도중학교	남부	중학교	사립	051-809-1910
1448	혜화여자고등학교	부산시	고등학교	사립	051-528-1740
1449	금정고등학교	부산시	고등학교	공립	051-795-7105
1450	동래고등학교	부산시	고등학교	공립	051-550-7709
1451	부산중앙여자고등학교	부산시	고등학교	공립	051-555-0370
1452	사직고등학교	부산시	고등학교	공립	051-590-0360
1453	충렬고등학교	부산시	고등학교	공립	051-510-0400
1454	대명여자고등학교	부산시	고등학교	사립	051-526-3451
1455	동인고등학교	부산시	고등학교	사립	051-501-7603
1456	사직여자고등학교	부산시	고등학교	시립	051-792-3806
1457	용인고등학교	부산시	고등학교	사립	051-525-0029
1458	학산여자고등학교	부산시	고등학교	사립	051-525-1113
1459	동래원예고등학교	부산시	고등학교	공립	051-550-3700
1460	부산전자공업고등학교	부산시	고등학교	공립	051-606-0209
1461	교동초등학교	동래	초등학교	공립	051-620-0108
1462	금강초등학교	동래	초등학교	공립	051-590-0600
1463	낙민초등학교	동래	초등학교	공립	051-712-5200
1464	미남초등학교	동래	초등학교	공립	051-504-9666
1465	내산초등학교	동래	초등학교	공립	051-792-0404
1466	내성초등학교	동래	초등학교	공립	051-550-8606
1467	달북초등학교	동래	초등학교	공립	051-790-0500
1468	예원초등학교	동래	초등학교	공립	051-500-0400
1469	명동초등학교	동래	초등학교	공립	051-550-5705
1470	명륜초등학교	동래	초등학교	공립	051-713-6800

번호	도서관명	지역	시군구	도서관구분	전화번호
1471	명서초등학교	동래	초등학교	공립	051-524-7837
1472	명장초등학교	동래	초등학교	공립	051-529-0644
1473	사직초등학교	동래	초등학교	공립	051-500-3200
1474	수안초등학교	동래	초등학교	공립	051-550-8700
1475	안남초등학교	동래	초등학교	공립	051-520-6600
1476	안락초등학교	동래	초등학교	공립	051-713-8506
1477	안민초등학교	동래	초등학교	공립	051-580-4504
1478	여고초등학교	동래	초등학교	공립	051-590-0505
1479	온천초등학교	동래	초등학교	공립	051-550-7800
1480	충렬초등학교	동래	초등학교	공립	051-997-4150
1481	안진초등학교	동래	초등학교	공립	051-520-1600
1482	온샘초등학교	동래	초등학교	공립	051-667-6907
1483	혜화초등학교	동래	초등학교	사립	051-531-1668
1484	부산내성중학교	동래	중학교	공립	051-994-3304
1485	동래중학교	동래	중학교	공립	051-790-0807
1486	동신중학교	동래	중학교	공립	051-540-2506
1487	사직여자중학교	동래	중학교	공립	051-590-0806
1488	사직중학교	동래	중학교	공립	051-501-2561
1489	충렬중학교	동래	중학교	공립	051-520-3306
1490	안락중학교	동래	중학교	공립	051-790-0700
1491	여명중학교	동래	중학교	공립	051-500-8700
1492	온천중학교	동래	중학교	공립	051-500-1704
1493	유락여자중학교	동래	중학교	공립	051-950-8400
1494	남일중학교	동래	중학교	공립	051-790-6300
1495	동해중학교	동래	중학교	사립	051-556-0282
1496	학산여자중학교	동래	중학교	사립	051-790-8900
1497	혜화여자중학교	동래	중학교	사립	051-527-4433
1498	문현여자고등학교	부산시	고등학교	공립	051-630-1500
1499	동천고등학교	부산시	고등학교	사립	051-628-1300

번호	도서관명	지역	시군구	도서관구분	전화번호
1500	부산중앙고등학교	부산시	고등학교	공립	051-209-7694
1501	분포고등학교	부산시	고등학교	공립	051-610-3311
1502	대연고등학교	부산시	고등학교	사립	051-625-8114
1503	배정고등학교	부산시	고등학교	사립	051-632-4743
1504	한얼고등학교	부산시	고등학교	사립	051-637-5983
1505	예문여자고등학교	부산시	고등학교	사립	051-660-1502
1506	성지고등학교	부산시	고등학교	사립	051-607-7500
1507	한국조형예술고등학교	부산시	고등학교	공립	051-620-2600
1508	부산공업고등학교	부산시	고등학교	공립	051-607-3900
1509	대양고등학교	부산시	고등학교	사립	051-640-0514
1510	동명공업고등학교	부산시	고등학교	사립	051-610-2604
1511	배정미래고등학교	부산시	고등학교	사립	051-635-2293
1512	세연고등학교	부산시	고등학교	사립	051-632-4251
1513	백운초등학교	남부	초등학교	공립	051-790-8700
1514	대여초등학교	남부	초등학교	공립	051-610-7609
1515	대천초등학교	남부	초등학교	공립	051-622-3101
1516	동천초등학교	남부	초등학교	공립	051-644-2853
1517	동항초등학교	남부	초등학교	공립	051-643-8236
1518	문현초등학교	남부	초등학교	공립	051-646-8565
1519	성천초등학교	남부	초등학교	공립	051-645-8097
1520	대남초등학교	남부	초등학교	공립	051-622-9434
1521	분포초등학교	남부	초등학교	공립	051-626-4251
1522	석포초등학교	남부	초등학교	공립	051-629-9200
1523	성동초등학교	남부	초등학교	공립	051-950-1000
1524	신연초등학교	남부	초등학교	공립	051-630-8800
1525	오륙도초등학교	남부	초등학교	공립	051-610-6805
1526	연포초등학교	남부	초등학교	공립	051-630-1007
1527	용당초등학교	남부	초등학교	공립	051-624-4013
1528	용문초등학교	남부	초등학교	공립	051-623-4864

번호	도서관명	지역	시군구	도서관구분	전화번호
1529	용산초등학교	남부	초등학교	공립	051-610-7307
1530	용호초등학교	남부	초등학교	공립	051-718-2204
1531	우암초등학교	남부	초등학교	공립	051-710-7425
1532	운산초등학교	남부	초등학교	공립	051-626-1202
1533	용소초등학교	남부	초등학교	공립	051-750-9792
1534	감만중학교	남부	중학교	공립	051-640-6463
1535	남천중학교	남부	중학교	공립	051-624-5310
1536	대연중학교	남부	중학교	공립	051-606-7700
1537	대천중학교	남부	중학교	공립	051-920-5205
1538	동항중학교	남부	중학교	공립	051-640-2500
1539	문현여자중학교	남부	중학교	공립	051-647-2363
1540	오륙도중학교	남부	중학교	공립	051-610-2811
1541	분포중학교	남부	중학교	공립	051-624-4222
1542	석포여자중학교	남부	중학교	공립	051-629-8900
1543	성동중학교	남부	중학교	공립	051-660-5100
1544	용문중학교	남부	중학교	공립	051-623-1448
1545	용호중학교	남부	중학교	공립	051-790-5305
1546	해연중학교	남부	중학교	사립	051-646-5004
1547	금곡고등학교	부산시	고등학교	공립	051-330-2104
1548	낙동고등학교	부산시	고등학교	공립	051-366-2670
1549	만덕고등학교	부산시	고등학교	공립	051-330-3592
1550	성도고등학교	부산시	고등학교	사립	051-332-0601
1551	부산백양고등학교	부산시	고등학교	공립	051-600-6506
1552	금명여자고등학교	부산시	고등학교	공립	051-330-8672
1553	화명고등학교	부산시	고등학교	공립	051-330-5704
1554	경혜여자고등학교	부산시	고등학교	사립	051-336-1042
1555	삼정고등학교	부산시	고등학교	사립	051-361-9802
1556	와석초등학교	북부	초등학교	공립	051-791-5200
1557	구남초등학교	북부	초등학교	공립	051-336-6602

번호	도서관명	지역	시군구	도서관구분	전화번호
1558	구포초등학교	북부	초등학교	공립	051-330-5907
1559	금곡초등학교	북부	초등학교	공립	051-330-5570
1560	금명초등학교	북부	초등학교	공립	051-364-1839
1561	금창초등학교	북부	초등학교	공립	051-320-5600
1562	대천리초등학교	북부	초등학교	공립	051-366-2700
1563	덕성초등학교	북부	초등학교	공립	051-330-3671
1564	덕양초등학교	북부	초등학교	공립	051-338-8364
1565	덕천초등학교	북부	초등학교	공립	051-331-9194
1566	만덕초등학교	북부	초등학교	공립	051-320-7605
1567	명덕초등학교	북부	초등학교	공립	051-330-6807
1568	명진초등학교	북부	초등학교	공립	051-330-4700
1569	백산초등학교	북부	초등학교	공립	051-330-8900
1570	백양초등학교	북부	초등학교	공립	051-310-5500
1571	상학초등학교	북부	초등학교	공립	051-330-4300
1572	신금초등학교	북부	초등학교	공립	051-330-6472
1573	신덕초등학교	북부	초등학교	공립	051-330-2940
1574	신천초등학교	북부	초등학교	공립	051-341-4691
1575	양덕초등학교	북부	초등학교	공립	051-719-8600
1576	양천초등학교	북부	초등학교	공립	051-797-6500
1577	용수초등학교	북부	초등학교	공립	051-330-3700
1578	포천초등학교	북부	초등학교	공립	051-366-3306
1579	학사초등학교	북부	초등학교	공립	051-330-4401
1580	화명초등학교	북부	초등학교	공립	051-366-2500
1581	화잠초등학교	북부	초등학교	공립	051-330-4200
1582	화정초등학교	북부	초등학교	공립	051-330-4100
1583	구남중학교	북부	중학교	공립	051-330-5813
1584	가람중학교	북부	중학교	공립	051-330-4813
1585	구포중학교	북부	중학교	공립	051-334-2201
1586	금곡중학교	북부	중학교	공립	051-330-0800

번호	도서관명	지역	시군구	도서관구분	전화번호
1587	금명중학교	북부	중학교	공립	051-330-4505
1588	대천리중학교	북부	중학교	공립	051-366-0705
1589	덕천중학교	북부	중학교	공립	051-366-3404
1590	만덕중학교	북부	중학교	공립	051-796-9306
1591	명진중학교	북부	중학교	공립	051-330-4607
1592	백양중학교	북부	중학교	공립	051-330-2884
1593	신덕중학교	북부	중학교	공립	051-330-2700
1594	양덕여자중학교	북부	중학교	공립	051-330-0900
1595	용수중학교	북부	중학교	공립	051-309-3002
1596	화명중학교	북부	중학교	공립	051-366-3552
1597	화신중학교	북부	중학교	공립	051-330-0500
1598	반여고등학교	부산시	고등학교	공립	051-520-1730
1599	센텀고등학교	부산시	고등학교	공립	051-730-8800
1600	부흥고등학교	부산시	고등학교	공립	051-709-6115
1601	신도고등학교	부산시	고등학교	공립	051-709-8300
1602	양운고등학교	부산시	고등학교	공립	051-702-0691
1603	해강고등학교	부산시	고등학교	공립	051-749-8703
1604	부산센텀여자고등학교	부산시	고등학교	사립	051-742-1909
1605	해운대고등학교	부산시	고등학교	사립	051-742-0312
1606	해운대여자고등학교	부산시	고등학교	사립	051-741-6813
1607	부산기계공업고등학교	부산시	고등학교	국립	051-719-0511
1608	해운대공업고등학교	부산시	고등학교	공립	051-792-7800
1609	부산문화여자고등학교	부산시	고등학교	사립	051-746-2952
1610	영산고등학교	부산시	고등학교	사립	051-540-9510
1611	해운대관광고등학교	부산시	고등학교	사립	051-742-0043
1612	반안초등학교	해운대	초등학교	공립	051-520-0801
1613	강동초등학교	해운대	초등학교	공립	051-740-2406
1614	동백초등학교	해운대	초등학교	공립	051-746-7367
1615	해원초등학교	해운대	초등학교	공립	051-740-9906

번호	도서관명	지역	시군구	도서관구분	전화번호
1616	무정초등학교	해운대	초등학교	공립	051-520-1310
1617	반산초등학교	해운대	초등학교	공립	051-780-2000
1618	반석초등학교	해운대	초등학교	공립	051-523-8171
1619	반송초등학교	해운대	초등학교	공립	051-540-5807
1620	반여초등학교	해운대	초등학교	공립	051-520-0400
1621	부흥초등학교	해운대	초등학교	공립	051-703-0096
1622	상당초등학교	해운대	초등학교	공립	051-709-1000
1623	송운초등학교	해운대	초등학교	공립	051-540-2600
1624	송정초등학교	해운대	초등학교	공립	051-709-6700
1625	신곡초등학교	해운대	초등학교	공립	051-702-6266
1626	신도초등학교	해운대	초등학교	공립	051-750-0900
1627	신재초등학교	해운대	초등학교	공립	051-780-3805
1628	양운초등학교	해운대	초등학교	공립	051-709-6804
1629	운봉초등학교	해운대	초등학교	공립	051-542-8272
1630	유송초등학교	해운대	초등학교	공립	051-540-5300
1631	인지초등학교	해운대	초등학교	공립	051-520-0100
1632	장산초등학교	해운대	초등학교	공립	051-520-1507
1633	재송초등학교	해운대	초등학교	공립	051-780-3500
1634	좌동초등학교	해운대	초등학교	공립	051-701-4734
1635	좌산초등학교	해운대	초등학교	공립	051-709-1700
1636	해강초등학교	해운대	초등학교	공립	051-745-4509
1637	해동초등학교	해운대	초등학교	공립	051-740-7200
1638	해림초등학교	해운대	초등학교	공립	051-740-1500
1639	해송초등학교	해운대	초등학교	공립	051-709-6900
1640	해운대초등학교	해운대	초등학교	공립	051-746-0045
1641	삼어초등학교	해운대	초등학교	공립	051-520-6500
1642	송수초등학교	해운대	초등학교	공립	051-780-2703
1643	센텀초등학교	해운대	초등학교	공립	051-780-2600
1644	장산중학교	해운대	중학교	공립	051-520-3505

번호	도서관명	지역	시군구	도서관구분	전화번호
1645	동백중학교	해운대	중학교	공립	051-740-2300
1646	반송여자중학교	해운대	중학교	공립	051-540-5409
1647	반송중학교	해운대	중학교	공립	051-540-0306
1648	반안중학교	해운대	중학교	공립	051-520-0904
1649	반여중학교	해운대	중학교	공립	051-713-1704
1650	부흥중학교	해운대	중학교	공립	051-709-2305
1651	상당중학교	해운대	중학교	공립	051-709-0681
1652	신곡중학교	해운대	중학교	공립	051-709-9900
1653	신도중학교	해운대	중학교	공립	051-747-8713
1654	양운중학교	해운대	중학교	공립	051-720-4605
1655	인지중학교	해운대	중학교	공립	051-520-0700
1656	재송여자중학교	해운대	중학교	공립	051-719-6700
1657	재송중학교	해운대	중학교	공립	051-780-2206
1658	센텀중학교	해운대	중학교	공립	051-780-2507
1659	해강중학교	해운대	중학교	공립	051-740-2700
1660	해운대여자중학교	해운대	중학교	사립	051-746-2948
1661	해운대중학교	해운대	중학교	사립	051-742-0315
1662	부산여자고등학교	부산시	고등학교	공립	051-200-0349
1663	다대고등학교	부산시	고등학교	공립	051-265-9804
1664	건국고등학교	부산시	고등학교	사립	051-292-0063
1665	대동고등학교	부산시	고등학교	사립	051-292-1697
1666	동아고등학교	부산시	고등학교	사립	051-290-5000
1667	삼성여자고등학교	부산시	고등학교	사립	051-792-5500
1668	성일여자고등학교	부산시	고등학교	사립	051-206-9092
1669	해동고등학교	부산시	고등학교	사립	051-204-4442
1670	부산일과학고등학교	부산시	고등학교	공립	051-290-6800
1671	부일외국어고등학교	부산시	고등학교	사립	051-208-7405
1672	부산자동차고등학교	부산시	고등학교	공립	051-263-4825
1673	대광고등학교	부산시	고등학교	사립	051-292-3225

번호	도서관명	지역	시군구	도서관구분	전화번호
1674	동아공업고등학교	부산시	고등학교	사립	051-200-3800
1675	부일전자디자인고등학교	부산시	고등학교	사립	051-208-7403
1676	감천초등학교	서부	초등학교	공립	051-207-9501
1677	괴정초등학교	서부	초등학교	공립	051-220-0506
1678	구평초등학교	서부	초등학교	공립	051-220-2500
1679	낙동초등학교	서부	초등학교	공립	051-205-0335
1680	다대초등학교	서부	초등학교	공립	051-715-9771
1681	다선초등학교	서부	초등학교	공립	051-262-0887
1682	다송초등학교	서부	초등학교	공립	051-260-5807
1683	당리초등학교	서부	초등학교	공립	051-200-3700
1684	보림초등학교	서부	초등학교	공립	051-260-1900
1685	사남초등학교	서부	초등학교	공립	051-220-0400
1686	몰운대초등학교	서부	초등학교	공립	051-290-3300
1687	사동초등학교	서부	초등학교	공립	051-200-3507
1688	사하초등학교	서부	초등학교	공립	051-793-7200
1689	서천초등학교	서부	초등학교	공립	051-291-4698
1690	승학초등학교	서부	초등학교	공립	051-208-2052
1691	신남초등학교	서부	초등학교	공립	051-990-7300
1692	신촌초등학교	서부	초등학교	공립	051-207-5984
1693	신평초등학교	서부	초등학교	공립	051-200-5000
1694	옥천초등학교	서부	초등학교	공립	051-200-0600
1695	을숙도초등학교	서부	초등학교	공립	051-200-2800
1696	응봉초등학교	서부	초등학교	공립	051-265-6773
1697	장림초등학교	서부	초등학교	공립	051-290-2702
1698	중현초등학교	서부	초등학교	공립	051-260-0508
1699	하남초등학교	서부	초등학교	공립	051-200-3604
1700	하단초등학교	서부	초등학교	공립	051-201-3461
1701	효림초등학교	서부	초등학교	공립	051-261-5220
1702	감천중학교	서부	중학교	공립	051-208-3035

번호	도서관명	지역	시군구	도서관구분	전화번호
1703	다대중학교	서부	중학교	공립	051-260-6500
1704	다선중학교	서부	중학교	공립	051-209-0500
1705	다송중학교	서부	중학교	공립	051-264-7650
1706	당리중학교	서부	중학교	공립	051-200-2201
1707	사하중학교	서부	중학교	공립	051-602-0102
1708	장림여자중학교	서부	중학교	공립	051-260-4202
1709	장평중학교	서부	중학교	공립	051-291-0617
1710	하남중학교	서부	중학교	공립	051-790-8410
1711	하단중학교	서부	중학교	공립	051-719-6306
1712	두송중학교	서부	중학교	공립	051-260-5400
1713	건국중학교	서부	중학교	사립	051-291-0069
1714	대동중학교	서부	중학교	사립	051-292-5120
1715	동주여자중학교	서부	중학교	사립	051-207-3965
1716	삼성중학교	서부	중학교	사립	051-960-0553
1717	영남중학교	서부	중학교	사립	051-265-4335
1718	브니엘여자고등학교	부산시	고등학교	사립	051-582-9181
1719	부산대사범대학 부설고등학교	부산시	고등학교	국립	051-580-7555
1720	남산고등학교	부산시	고등학교	공립	051-514-9303
1721	금정여자고등학교	부산시	고등학교	공립	051-712-3910
1722	내성고등학교	부산시	고등학교	공립	051-580-0204
1723	동래여자고등학교	부산시	고등학교	사립	051-514-1227
1724	브니엘고등학교	부산시	고등학교	사립	051-582-6611
1725	지산고등학교	부산시	고등학교	사립	051-580-2613
1726	부산과학고등학교	부산시	고등학교	공립	051-580-8510
1727	부산예술고등학교	부산시	고등학교	사립	051-514-1230
1728	브니엘예술고등학교	부산시	고등학교	사립	051-513-9710
1729	대진전자통신고등학교	부산시	고등학교	사립	051-582-8100
1730	금정전자고등학교	부산시	고등학교	사립	051-540-0104
1731	부산정보관광고등학교	부산시	고등학교	사립	051-518-7923

번호	도서관명	지역	시군구	도서관구분	전화번호
1732	서동초등학교	동래	초등학교	공립	051-985-3200
1733	공덕초등학교	동래	초등학교	공립	051-508-1798
1734	금사초등학교	동래	초등학교	공립	051-531-3594
1735	금빛초등학교	동래	초등학교	공립	051-719-8306
1736	금성초등학교	동래	초등학교	공립	051-517-5400
1737	금샘초등학교	동래	초등학교	공립	051-519-0800
1738	금정초등학교	동래	초등학교	공립	051-719-5400
1739	금양초등학교	동래	초등학교	공립	051-550-0400
1740	남산초등학교	동래	초등학교	공립	051-550-5100
1741	동상초등학교	동래	초등학교	공립	051-522-1130
1742	동현초등학교	동래	초등학교	공립	051-960-5707
1743	부곡초등학교	동래	초등학교	공립	051-580-4805
1744	서명초등학교	동래	초등학교	공립	051-520-5308
1745	구서초등학교	동래	초등학교	공립	070-4626-5813
1746	장서초등학교	동래	초등학교	공립	051-515-3606
1747	장전초등학교	동래	초등학교	공립	051-797-9207
1748	청룡초등학교	동래	초등학교	공립	051-580-9308
1749	현곡초등학교	동래	초등학교	공립	051-512-0710
1750	두실초등학교	동래	초등학교	공립	051-580-0400
1751	동래초등학교	동래	초등학교	사립	051-581-0902
1752	부산삼육초등학교	동래	초등학교	사립	051-442-3692
1753	구서여자중학교	동래	중학교	공립	051-580-5753
1754	금사중학교	동래	중학교	공립	051-520-7305
1755	금양중학교	동래	중학교	공립	051-580-0606
1756	남산중학교	동래	중학교	공립	051-580-0704
1757	동현중학교	동래	중학교	공립	051-580-0800
1758	부곡여자중학교	동래	중학교	공립	051-510-5700
1759	부곡중학교	동래	중학교	공립	051-516-6026
1760	장전중학교	동래	중학교	공립	051-580-4300

번호	도서관명	지역	시군구	도서관구분	전화번호
1761	금정중학교	동래	중학교	사립	051-517-3986
1762	동래여자중학교	동래	중학교	사립	051-514-1224
1763	브니엘예술중학교	동래	중학교	사립	051-582-9121
1764	경일고등학교	부산시	고등학교	사립	051-271-2371
1765	덕문고등학교	부산시	고등학교	공립	051-979-6114
1766	명호고등학교	부산시	고등학교	공립	051-220-1342
1767	부산강서고등학교	부산시	고등학교	공립	051-974-9800
1768	부산대저고등학교	부산시	고등학교	사립	051-973-7701
1769	부산소프트웨어마이스터고등학교	부산시	고등학교	공립	051-971-2153
1770	가락초등학교	북부	초등학교	공립	051-972-8055
1771	오션초등학교	북부	초등학교	공립	051-220-7200
1772	녹산초등학교	북부	초등학교	공립	051-979-1008
1773	신명초등학교	북부	초등학교	공립	051-792-1200
1774	송정초등학교	북부	초등학교	공립	051-979-6300
1775	녹명초등학교	북부	초등학교	공립	051-971-5144
1776	대사초등학교	북부	초등학교	공립	051-970-0305
1777	대상초등학교	북부	초등학교	공립	051-971-6311
1778	명일초등학교	북부	초등학교	공립	051-290-1500
1779	대저초등학교	북부	초등학교	공립	051-970-0200
1780	덕두초등학교	북부	초등학교	공립	051-711-5120
1781	명호초등학교	북부	초등학교	공립	051-220-1100
1782	명지초등학교	북부	초등학교	공립	051-602-1200
1783	명원초등학교	북부	초등학교	공립	051-250-3307
1784	배영초등학교	북부	초등학교	공립	051-971-4428
1785	신호초등학교	북부	초등학교	공립	051-974-6805
1786	천가초등학교	북부	초등학교	공립	051-972-1798
1787	남명초등학교	북부	초등학교	공립	051-260-0200
1788	명지중학교	북부	중학교	공립	051-220-1406
1789	신호중학교	북부	중학교	공립	051-320-9304

번호	도서관명	지역	시군구	도서관구분	전화번호
1790	지사중학교	북부	중학교	공립	051-979-6204
1791	낙동중학교	북부	중학교	공립	051-609-5805
1792	덕문중학교	북부	중학교	공립	051-979-6114
1793	명호중학교	북부	중학교	공립	051-220-1200
1794	경일중학교	북부	중학교	공립	051-250-3200
1795	녹산중학교	북부	중학교	사립	051-971-5042
1796	오션중학교	북부	중학교	공립	051-609-1704
1797	대저중학교	북부	중학교	사립	051-973-7702
1798	연제고등학교	부산시	고등학교	공립	051-850-2716
1799	이사벨고등학교	부산시	고등학교	사립	051-590-2703
1800	부산외국어고등학교	부산시	고등학교	사립	051-850-1452
1801	계성여자고등학교	부산시	고등학교	사립	051-503-8870
1802	부산교육대부설초등학교	동래	초등학교	국립	051-550-2883
1803	거제초등학교	동래	초등학교	공립	051-506-0371
1804	거학초등학교	동래	초등학교	공립	051-775-9504
1805	과정초등학교	동래	초등학교	공립	051-750-0500
1806	남문초등학교	동래	초등학교	공립	051-507-0521
1807	동명초등학교	동래	초등학교	공립	051-863-2965
1808	연동초등학교	동래	초등학교	공립	051-853-7171
1809	연미초등학교	동래	초등학교	공립	051-860-8300
1810	연산초등학교	동래	초등학교	공립	051-850-1906
1811	연서초등학교	동래	초등학교	공립	051-790-5400
1812	연신초등학교	동래	초등학교	공립	051-790-6704
1813	연일초등학교	동래	초등학교	공립	051-790-0600
1814	연제초등학교	동래	초등학교	공립	051-790-7600
1815	연천초등학교	동래	초등학교	공립	051-850-1700
1816	창신초등학교	동래	초등학교	공립	051-500-0607
1817	토현초등학교	동래	초등학교	공립	051-759-1217
1818	거제여자중학교	동래	중학교	공립	051-933-5905

번호	도서관명	지역	시군구	도서관구분	전화번호
1819	연산중학교	동래	중학교	공립	051-801-9105
1820	연일중학교	동래	중학교	공립	051-943-9703
1821	연제중학교	동래	중학교	공립	051-860-6378
1822	연천중학교	동래	중학교	공립	051-790-7305
1823	토현중학교	동래	중학교	공립	051-750-3705
1824	거성중학교	동래	중학교	사립	051-504-6731
1825	이사벨중학교	동래	중학교	사립	051-590-2582
1826	부산남일고등학교	부산시	고등학교	공립	051-750-0100
1827	부산동여자고등학교	부산시	고등학교	공립	051-610-5800
1828	덕문여자고등학교	부산시	고등학교	사립	051-756-1802
1829	부산여자상업고등학교	부산시	고등학교	사립	051-797-6700
1830	광남초등학교	해운대	초등학교	공립	051-610-6600
1831	광안초등학교	해운대	초등학교	공립	051-790-2200
1832	남천초등학교	해운대	초등학교	공립	051-610-3707
1833	망미초등학교	해운대	초등학교	공립	051-796-5507
1834	민락초등학교	해운대	초등학교	공립	051-752-8694
1835	민안초등학교	해운대	초등학교	공립	051-751-3931
1836	배산초등학교	해운대	초등학교	공립	051-754-5930
1837	수미초등학교	해운대	초등학교	공립	051-791-4700
1838	수영초등학교	해운대	초등학교	공립	051-792-2572
1839	호암초등학교	해운대	초등학교	공립	051-712-3600
1840	광안중학교	해운대	중학교	공립	051-750-3102
1841	망미중학교	해운대	중학교	공립	051-750-0700
1842	부산수영중학교	해운대	중학교	공립	051-760-7700
1843	한바다중학교	해운대	중학교	공립	051-760-0762
1844	동아중학교	해운대	중학교	사립	051-792-1094
1845	동수영중학교	해운대	중학교	사립	051-752-0046
1846	구덕고등학교	부산시	고등학교	공립	051-320-9204
1847	사상고등학교	부산시	고등학교	공립	051-366-9606

번호	도서관명	지역	시군구	도서관구분	전화번호
1848	주례여자고등학교	부산시	고등학교	공립	051-310-3507
1849	대덕여자고등학교	부산시	고등학교	사립	051-309-8805
1850	서부산공업고등학교	부산시	고등학교	공립	051-309-3100
1851	감전초등학교	북부	초등학교	공립	051-310-8306
1852	괘법초등학교	북부	초등학교	공립	051-315-4345
1853	구학초등학교	북부	초등학교	공립	051-313-3892
1854	덕상초등학교	북부	초등학교	공립	051-309-3400
1855	덕포초등학교	북부	초등학교	공립	051-320-0407
1856	동궁초등학교	북부	초등학교	공립	051-310-9707
1857	동주초등학교	북부	초등학교	공립	051-790-3700
1858	모덕초등학교	북부	초등학교	공립	051-320-0808
1859	모동초등학교	북부	초등학교	공립	051-792-3708
1860	모라초등학교	북부	초등학교	공립	051-310-7400
1861	모산초등학교	북부	초등학교	공립	051-329-4006
1862	사상초등학교	북부	초등학교	공립	051-330-5300
1863	삼덕초등학교	북부	초등학교	공립	051-303-0242
1864	서감초등학교	북부	초등학교	공립	051-320-5800
1865	엄궁초등학교	북부	초등학교	공립	051-323-6840
1866	주양초등학교	북부	초등학교	공립	051-329-1503
1867	주감초등학교	북부	초등학교	공립	051-320-3900
1868	주학초등학교	북부	초등학교	공립	051-314-0659
1869	창진초등학교	북부	초등학교	공립	051-310-3405
1870	학장초등학교	북부	초등학교	공립	051-320-5703
1871	학진초등학교	북부	초등학교	공립	051-982-5000
1872	덕포여자중학교	북부	중학교	공립	051-319-9911
1873	동주중학교	북부	중학교	공립	051-322-0057
1874	모동중학교	북부	중학교	공립	051-790-9303
1875	모라중학교	북부	중학교	공립	051-327-3017
1876	신라중학교	북부	중학교	사립	051-999-6000

번호	도서관명	지역	시군구	도서관구분	전화번호
1877	엄궁중학교	북부	중학교	공립	051-713-6604
1878	주감중학교	북부	중학교	공립	051-314-4677
1879	주례여자중학교	북부	중학교	공립	051-310-3705
1880	주례중학교	북부	중학교	공립	051-320-0305
1881	학장중학교	북부	중학교	공립	051-320-2504
1882	정관고등학교	부산시	고등학교	공립	051-780-5806
1883	기장고등학교	부산시	고등학교	공립	051-750-8211
1884	부산장안고등학교	부산시	고등학교	공립	051-720-1700
1885	신정고등학교	부산시	고등학교	공립	051-745-3300
1886	장안제일고등학교	부산시	고등학교	사립	051-719-9210
1887	방곡초등학교	해운대	초등학교	공립	051-780-7673
1888	가동초등학교	해운대	초등학교	공립	051-780-3707
1889	기장초등학교	해운대	초등학교	공립	051-720-8606
1890	용암초등학교	해운대	초등학교	공립	051-721-1302
1891	대청초등학교	해운대	초등학교	공립	051-723-0923
1892	교리초등학교	해운대	초등학교	공립	051-720-0506
1893	내리초등학교	해운대	초등학교	공립	051-745-3175
1894	신정초등학교	해운대	초등학교	공립	051-745-3600
1895	해빛초등학교	해운대	초등학교	공립	051-790-8393
1896	신진초등학교	해운대	초등학교	공립	051-720-8500
1897	일광초등학교	해운대	초등학교	공립	051-930-7770
1898	월내초등학교	해운대	초등학교	공립	051-719-9700
1899	월평초등학교	해운대	초등학교	공립	051-508-8352
1900	장안초등학교	해운대	초등학교	공립	051-720-1001
1901	정관초등학교	해운대	초등학교	공립	051-720-1500
1902	좌천초등학교	해운대	초등학교	공립	051-720-4101
1903	죽성초등학교	해운대	초등학교	공립	051-721-2768
1904	철마초등학교	해운대	초등학교	공립	051-780-7500
1905	칠암초등학교	해운대	초등학교	공립	051-727-0760

번호	도서관명	지역	시군구	도서관구분	전화번호
1906	정원초등학교	해운대	초등학교	공립	051-750-9108
1907	달산초등학교	해운대	초등학교	공립	051-750-9906
1908	모전초등학교	해운대	초등학교	공립	051-720-6701
1909	정관중학교	해운대	중학교	공립	051-780-5400
1910	기장중학교	해운대	중학교	공립	051-709-3806
1911	신정중학교	해운대	중학교	공립	051-745-3703
1912	대청중학교	해운대	중학교	공립	051-720-0600
1913	일광중학교	해운대	중학교	공립	051-750-3900
1914	부산중앙중학교	해운대	중학교	공립	051-720-8709
1915	모전중학교	해운대	중학교	공립	051-750-9304
1916	장안중학교	해운대	중학교	사립	051-719-9211
1917	경북대학교사범대학부설고등학교	대구시	고등학교	국립	053-231-9400
1918	경북여자고등학교	대구시	고등학교	공립	053-231-7201
1919	신명고등학교	대구시	고등학교	사립	053-235-8405
1920	경북공업고등학교	대구시	고등학교	사립	053-235-8501
1921	경북대학교사범대학부설초등학교	동부	초등학교	국립	053-232-5804
1922	대구초등학교	동부	초등학교	공립	053-232-0209
1923	대구남산초등학교	동부	초등학교	공립	053-232-0370
1924	대구동덕초등학교	동부	초등학교	공립	053-232-0845
1925	대구동인초등학교	동부	초등학교	공립	053-232-0736
1926	대구명덕초등학교	동부	초등학교	공립	053-232-0583
1927	대구삼덕초등학교	동부	초등학교	공립	053-232-0478
1928	대구수창초등학교	동부	초등학교	공립	053-232-0309
1929	대구종로초등학교	동부	초등학교	공립	053-232-0808
1930	계성초등학교	동부	초등학교	사립	053-253-4191
1931	경북대사범대학부설중학교	동부	중학교	국립	053-232-8255
1932	대구제일중학교	동부	중학교	공립	053-232-7720
1933	경구중학교	동부	중학교	사립	053-232-8904

번호	도서관명	지역	시군구	도서관구분	전화번호
1934	계성중학교	동부	중학교	사립	053-232-8351
1935	강동고등학교	대구시	고등학교	공립	053-231-6310
1936	대구동부고등학교	대구시	고등학교	사립	053-235-6700
1937	영신고등학교	대구시	고등학교	사립	053-235-4662
1938	정동고등학교	대구시	고등학교	사립	053-235-5805
1939	청구고등학교	대구시	고등학교	사립	053-235-5010
1940	달구벌고등학교	대구시	고등학교	사립	053-235-9845
1941	대구일과학고등학교	대구시	고등학교	공립	053-231-7730
1942	대구공업고등학교	대구시	고등학교	공립	053-231-8200
1943	대구일마이스터고등학교	대구시	고등학교	공립	053-231-8811
1944	조일고등학교	대구시	고등학교	사립	053-235-9011
1945	대구관광고등학교	대구시	고등학교	사립	053-235-9718
1946	대구율금초등학교	동부	초등학교	공립	053-232-5609
1947	대구새론초등학교	동부	초등학교	공립	053-232-9583
1948	대구봉무초등학교	동부	초등학교	공립	053-232-5709
1949	대구공산초등학교	동부	초등학교	공립	053-232-2221
1950	대구덕성초등학교	동부	초등학교	공립	053-232-3402
1951	대구동부초등학교	동부	초등학교	공립	053-232-1844
1952	대구동신초등학교	동부	초등학교	공립	053-232-1703
1953	대구동촌초등학교	동부	초등학교	공립	053-232-1000
1954	대구반야월초등학교	동부	초등학교	공립	053-232-2373
1955	대구율원초등학교	동부	초등학교	공립	053-232-5503
1956	대구방촌초등학교	동부	초등학교	공립	053-232-3450
1957	대구불로초등학교	동부	초등학교	공립	053-232-3293
1958	대구서촌초등학교	동부	초등학교	공립	053-232-2327
1959	대구송정초등학교	동부	초등학교	공립	053-232-2550
1960	대구숙천초등학교	동부	초등학교	공립	053-232-9730
1961	대구신성초등학교	동부	초등학교	공립	053-232-2867
1962	대구신천초등학교	동부	초등학교	공립	053-232-1173

번호	도서관명	지역	시군구	도서관구분	전화번호
1963	대구아양초등학교	동부	초등학교	공립	053-232-1305
1964	대구안일초등학교	동부	초등학교	공립	053-232-2537
1965	대구용호초등학교	동부	초등학교	공립	053-232-4704
1966	대구율하초등학교	동부	초등학교	공립	053-232-4004
1967	대구입석초등학교	동부	초등학교	공립	053-232-3907
1968	대구지묘초등학교	동부	초등학교	공립	053-232-2316
1969	대구해서초등학교	동부	초등학교	공립	053-232-1092
1970	대구해안초등학교	동부	초등학교	공립	053-232-0951
1971	대구효동초등학교	동부	초등학교	공립	053-232-3705
1972	대구효목초등학교	동부	초등학교	공립	053-232-1674
1973	대구효신초등학교	동부	초등학교	공립	053-232-1913
1974	동대구초등학교	동부	초등학교	공립	053-232-1400
1975	대구동호초등학교	동부	초등학교	공립	053-232-4995
1976	대구강동초등학교	동부	초등학교	공립	053-232-5051
1977	대구팔공초등학교	동부	초등학교	공립	053-233-5210
1978	영신초등학교	동부	초등학교	사립	053-232-5900
1979	율원중학교	동부	중학교	공립	053-232-8153
1980	대구팔공중학교	동부	중학교	공립	053-233-5120
1981	동촌중학교	동부	중학교	공립	053-232-6164
1982	불로중학교	동부	중학교	공립	053-232-6560
1983	새론중학교	동부	중학교	공립	053-233-5801
1984	신기중학교	동부	중학교	공립	053-232-7358
1985	안심중학교	동부	중학교	공립	053-232-6226
1986	입석중학교	동부	중학교	공립	053-232-6940
1987	강동중학교	동부	중학교	공립	053-232-7615
1988	공산중학교	동부	중학교	사립	053-232-9040
1989	영신중학교	동부	중학교	사립	053-232-8500
1990	청구중학교	동부	중학교	사립	053-232-8786
1991	신아중학교	동부	중학교	공립	053-232-7180

번호	도서관명	지역	시군구	도서관구분	전화번호
1992	경덕여자고등학교	대구시	고등학교	공립	053-231-7405
1993	대구제일고등학교	대구시	고등학교	사립	053-235-6804
1994	달성고등학교	대구시	고등학교	공립	053-231-4338
1995	대구서부고등학교	대구시	고등학교	공립	053-231-4545
1996	계성고등학교	대구시	고등학교	사립	053-235-4164
1997	대구과학기술고등학교	대구시	고등학교	공립	053-231-9000
1998	대구경운초등학교	서부	초등학교	공립	053-233-1707
1999	대구내서초등학교	서부	초등학교	공립	053-233-2832
2000	대구달서초등학교	서부	초등학교	공립	053-233-1911
2001	대구달성초등학교	서부	초등학교	공립	053-233-0296
2002	대구대성초등학교	서부	초등학교	공립	053-233-0608
2003	대구두류초등학교	서부	초등학교	공립	053-233-2712
2004	대구북비산초등학교	서부	초등학교	공립	053-233-1507
2005	대구비봉초등학교	서부	초등학교	공립	053-233-2777
2006	대구비산초등학교	서부	초등학교	공립	053-233-1347
2007	대구서도초등학교	서부	초등학교	공립	053-233-1460
2008	대구서부초등학교	서부	초등학교	공립	053-233-0273
2009	대구서평초등학교	서부	초등학교	공립	053-233-2380
2010	대구이현초등학교	서부	초등학교	공립	053-233-1604
2011	대구인지초등학교	서부	초등학교	공립	053-233-0504
2012	대구중리초등학교	서부	초등학교	공립	053-233-0755
2013	대구평리초등학교	서부	초등학교	공립	053-233-1309
2014	서대구초등학교	서부	초등학교	공립	053-233-1650
2015	서대구중학교	서부	중학교	공립	053-233-7844
2016	경운중학교	서부	중학교	공립	053-233-6083
2017	경일중학교	서부	중학교	공립	053-233-6104
2018	서남중학교	서부	중학교	공립	053-233-7800
2019	중리중학교	서부	중학교	공립	053-233-6260
2020	대평중학교	서부	중학교	공립	053-233-7901

번호	도서관명	지역	시군구	도서관구분	전화번호
2021	평리중학교	서부	중학교	공립	053-233-6177
2022	경상여자중학교	서부	중학교	사립	053-233-8514
2023	대구고등학교	대구시	고등학교	공립	053-231-4156
2024	경일여자고등학교	대구시	고등학교	사립	053-235-7451
2025	협성고등학교	대구시	고등학교	사립	053-235-6103
2026	경북예술고등학교	대구시	고등학교	사립	053-235-8283
2027	경상공업고등학교	대구시	고등학교	사립	053-235-8812
2028	경북여자상업고등학교	대구시	고등학교	사립	053-235-9343
2029	대구여자상업고등학교	대구시	고등학교	사립	053-235-9281
2030	남대구초등학교	남부	초등학교	공립	053-234-1711
2031	대구남덕초등학교	남부	초등학교	공립	053-234-2355
2032	대구남도초등학교	남부	초등학교	공립	053-234-0889
2033	대구남명초등학교	남부	초등학교	공립	053-234-1940
2034	대구대덕초등학교	남부	초등학교	공립	053-234-1060
2035	대구대명초등학교	남부	초등학교	공립	053-234-0207
2036	대구대봉초등학교	남부	초등학교	공립	053-234-0302
2037	대구봉덕초등학교	남부	초등학교	공립	053-234-0571
2038	대구성명초등학교	남부	초등학교	공립	053-234-0910
2039	대구영선초등학교	남부	초등학교	공립	053-234-0470
2040	대구효명초등학교	남부	초등학교	공립	053-234-1701
2041	경상중학교	남부	중학교	공립	053-234-6070
2042	경혜여자중학교	남부	중학교	공립	053-234-8361
2043	대구중학교	남부	중학교	공립	053-234-6002
2044	대명중학교	남부	중학교	공립	053-234-7386
2045	경일여자중학교	남부	중학교	사립	053-234-9194
2046	협성경복중학교	남부	중학교	사립	053-234-8444
2047	구암고등학교	대구시	고등학교	공립	053-231-4500
2048	칠성고등학교	대구시	고등학교	공립	053-231-6940
2049	매천고등학교	대구시	고등학교	공립	053-231-6691

번호	도서관명	지역	시군구	도서관구분	전화번호
2050	운암고등학교	대구시	고등학교	공립	053-231-5350
2051	학남고등학교	대구시	고등학교	공립	053-231-5830
2052	함지고등학교	대구시	고등학교	공립	053-231-6840
2053	강북고등학교	대구시	고등학교	사립	053-235-5951
2054	경명여자고등학교	대구시	고등학교	사립	053-235-7192
2055	경상고등학교	대구시	고등학교	사립	053-235-6099
2056	경상여자고등학교	대구시	고등학교	사립	053-235-8167
2057	성광고등학교	대구시	고등학교	사립	053-235-4807
2058	성화여자고등학교	대구시	고등학교	사립	053-235-7772
2059	영송여자고등학교	대구시	고등학교	사립	053-235-8170
2060	영진고등학교	대구시	고등학교	사립	053-235-5500
2061	대구체육고등학교	대구시	고등학교	공립	053-231-7900
2062	대구국제고등학교	대구시	고등학교	공립	053-235-6575
2063	대중금속공업고등학교	대구시	고등학교	사립	053-235-9113
2064	대구삼영초등학교	서부	초등학교	공립	053-233-4980
2065	대구강북초등학교	서부	초등학교	공립	053-233-3655
2066	대구경진초등학교	서부	초등학교	공립	053-233-2664
2067	대구관남초등학교	서부	초등학교	공립	053-233-3840
2068	대구관문초등학교	서부	초등학교	공립	053-233-4700
2069	대구관음초등학교	서부	초등학교	공립	053-233-2897
2070	대구관천초등학교	서부	초등학교	공립	053-233-3042
2071	대구교동초등학교	서부	초등학교	공립	053-233-3363
2072	대구구암초등학교	서부	초등학교	공립	053-233-3200
2073	대구달산초등학교	서부	초등학교	공립	053-233-2601
2074	대구대산초등학교	서부	초등학교	공립	053-233-2300
2075	대구대천초등학교	서부	초등학교	공립	053-233-3432
2076	대구도남초등학교	서부	초등학교	공립	053-233-2205
2077	대구동평초등학교	서부	초등학교	공립	053-233-3869
2078	대구매천초등학교	서부	초등학교	공립	053-233-2134

번호	도서관명	지역	시군구	도서관구분	전화번호
2079	대구문성초등학교	서부	초등학교	공립	053-233-0809
2080	대구복현초등학교	서부	초등학교	공립	053-233-1804
2081	대구북부초등학교	서부	초등학교	공립	053-233-3093
2082	대구산격초등학교	서부	초등학교	공립	053-233-1184
2083	대구국우초등학교	서부	초등학교	공립	053-233-8835
2084	대구성북초등학교	서부	초등학교	공립	053-233-1101
2085	대구신암초등학교	서부	초등학교	공립	053-233-0674
2086	대구옥산초등학교	서부	초등학교	공립	053-233-1090
2087	대구운암초등학교	서부	초등학교	공립	053-233-4183
2088	대구사수초등학교	서부	초등학교	공립	053-233-4810
2089	대구서변초등학교조야분교장	서부	초등학교	공립	053-233-2413
2090	대구칠곡초등학교	서부	초등학교	공립	053-233-2100
2091	대구칠성초등학교	서부	초등학교	공립	053-233-0385
2092	대구침산초등학교	서부	초등학교	공립	053-233-1005
2093	대구대임초등학교	서부	초등학교	공립	053-233-3583
2094	대구태전초등학교	서부	초등학교	공립	053-233-3001
2095	대구태현초등학교	서부	초등학교	공립	053-233-3290
2096	대구팔달초등학교	서부	초등학교	공립	053-233-3536
2097	대구학남초등학교	서부	초등학교	공립	053-233-3995
2098	대구학정초등학교	서부	초등학교	공립	053-233-4546
2099	대구함지초등학교	서부	초등학교	공립	053-233-4515
2100	북대구초등학교	서부	초등학교	공립	053-233-2467
2101	대구동변초등학교	서부	초등학교	공립	053-233-4288
2102	대구서변초등학교	서부	초등학교	공립	053-233-4408
2103	대구연경초등학교	서부	초등학교	공립	053-233-5071
2104	관음중학교	서부	중학교	공립	053-233-7221
2105	관천중학교	서부	중학교	공립	053-233-6772
2106	구암중학교	서부	중학교	공립	053-233-7252

번호	도서관명	지역	시군구	도서관구분	전화번호
2107	대구북중학교	서부	중학교	공립	053-233-6377
2108	대구일중학교	서부	중학교	공립	053-233-7573
2109	동평중학교	서부	중학교	공립	053-233-7400
2110	매천중학교	서부	중학교	공립	053-233-8241
2111	복현중학교	서부	중학교	공립	053-233-6710
2112	산격중학교	서부	중학교	공립	053-233-7100
2113	서변중학교	서부	중학교	공립	053-233-8233
2114	운암중학교	서부	중학교	공립	053-233-6983
2115	칠곡중학교	서부	중학교	공립	053-233-6480
2116	침산중학교	서부	중학교	공립	053-233-6632
2117	팔달중학교	서부	중학교	공립	053-233-6911
2118	학남중학교	서부	중학교	공립	053-233-7710
2119	동변중학교	서부	중학교	공립	053-233-8000
2120	강북중학교	서부	중학교	공립	053-233-8055
2121	사수중학교	서부	중학교	공립	053-233-8770
2122	경명여자중학교	서부	중학교	사립	053-233-8502
2123	성광중학교	서부	중학교	사립	053-233-8432
2124	성화중학교	서부	중학교	사립	053-233-8644
2125	대구체육중학교	서부	중학교	공립	053-233-8700
2126	경북고등학교	대구시	고등학교	공립	053-231-4007
2127	대구여자고등학교	대구시	고등학교	공립	053-231-7254
2128	수성고등학교	대구시	고등학교	공립	053-231-6430
2129	시지고등학교	대구시	고등학교	공립	053-231-4680
2130	동문고등학교	대구시	고등학교	공립	053-231-6200
2131	경신고등학교	대구시	고등학교	사립	053-760-0000
2132	능인고등학교	대구시	고등학교	사립	053-235-4431
2133	대구남산고등학교	대구시	고등학교	사립	053-235-6565
2134	대구혜화여자고등학교	대구시	고등학교	사립	053-235-8000
2135	대륜고등학교	대구시	고등학교	사립	053-235-4304

번호	도서관명	지역	시군구	도서관구분	전화번호
2136	덕원고등학교	대구시	고등학교	사립	053-235-5346
2137	오성고등학교	대구시	고등학교	사립	053-235-5184
2138	대구중앙고등학교	대구시	고등학교	사립	053-790-0003
2139	정화여자고등학교	대구시	고등학교	사립	053-235-7334
2140	대구과학고등학교	대구시	고등학교	공립	053-231-7537
2141	대구농업마이스터고등학교	대구시	고등학교	공립	053-231-8014
2142	영남공업고등학교	대구시	고등학교	사립	053-235-8600
2143	대구경동초등학교	동부	초등학교	공립	053-232-3000
2144	대구고산초등학교	동부	초등학교	공립	053-232-2670
2145	대구노변초등학교	동부	초등학교	공립	053-232-4540
2146	대구대청초등학교	동부	초등학교	공립	053-232-3500
2147	대구동도초등학교	동부	초등학교	공립	053-232-0489
2148	대구동문초등학교	동부	초등학교	공립	053-232-3242
2149	대구동산초등학교	동부	초등학교	공립	053-232-2897
2150	대구동성초등학교	동부	초등학교	공립	053-232-1600
2151	대구동원초등학교	동부	초등학교	공립	053-232-2182
2152	대구동일초등학교	동부	초등학교	공립	053-232-3208
2153	대구동천초등학교	동부	초등학교	공립	053-232-1493
2154	대구두산초등학교	동부	초등학교	공립	053-232-3592
2155	대구만촌초등학교	동부	초등학교	공립	053-232-2007
2156	대구매동초등학교	동부	초등학교	공립	053-232-5400
2157	대구매호초등학교	동부	초등학교	공립	053-232-4586
2158	대구들안길초등학교	동부	초등학교	공립	053-232-5582
2159	대구범물초등학교	동부	초등학교	공립	053-232-4051
2160	대구범어초등학교	동부	초등학교	공립	053-232-1786
2161	대구범일초등학교	동부	초등학교	공립	053-232-4172
2162	대구복명초등학교	동부	초등학교	공립	053-232-4793
2163	대구사월초등학교	동부	초등학교	공립	053-232-5243
2164	대구성동초등학교	동부	초등학교	공립	053-232-2820

번호	도서관명	지역	시군구	도서관구분	전화번호
2165	대구수성초등학교	동부	초등학교	공립	053-232-0708
2166	대구시지초등학교	동부	초등학교	공립	053-232-4304
2167	대구신매초등학교	동부	초등학교	공립	053-232-4271
2168	대구용지초등학교	동부	초등학교	공립	053-232-3780
2169	대구욱수초등학교	동부	초등학교	공립	053-232-4406
2170	대구중앙초등학교	동부	초등학교	공립	053-232-4901
2171	대구지봉초등학교	동부	초등학교	공립	053-232-3892
2172	대구지산초등학교	동부	초등학교	공립	053-232-0900
2173	대구청림초등학교	동부	초등학교	공립	053-232-5165
2174	대구파동초등학교	동부	초등학교	공립	053-232-3099
2175	대구황금초등학교	동부	초등학교	공립	053-232-2046
2176	대구삼육초등학교	동부	초등학교	사립	053-232-5961
2177	고산중학교	동부	중학교	공립	053-232-7500
2178	노변중학교	동부	중학교	공립	053-232-8046
2179	대구동부중학교	동부	중학교	공립	053-232-7067
2180	대구동중학교	동부	중학교	공립	053-232-6000
2181	덕화중학교	동부	중학교	공립	053-232-7786
2182	동도중학교	동부	중학교	공립	053-232-7200
2183	동원중학교	동부	중학교	공립	053-232-6423
2184	범일중학교	동부	중학교	공립	053-232-7860
2185	범물중학교	동부	중학교	공립	053-232-6804
2186	수성중학교	동부	중학교	공립	053-232-6312
2187	매호중학교	동부	중학교	공립	053-232-7394
2188	시지중학교	동부	중학교	공립	053-232-6821
2189	지산중학교	동부	중학교	공립	053-232-6633
2190	황금중학교	동부	중학교	공립	053-232-8022
2191	경신중학교	동부	중학교	사립	053-760-0113
2192	능인중학교	동부	중학교	사립	053-232-9102
2193	정화중학교	동부	중학교	사립	053-232-9183

번호	도서관명	지역	시군구	도서관구분	전화번호
2194	대구중앙중학교	동부	중학교	사립	053-770-0003
2195	소선여자중학교	동부	중학교	사립	053-232-9505
2196	신명여자중학교	동부	중학교	사립	053-232-9290
2197	오성중학교	동부	중학교	사립	053-232-8700
2198	호산고등학교	대구시	고등학교	공립	053-231-7007
2199	상인고등학교	대구시	고등학교	공립	053-231-5186
2200	성서고등학교	대구시	고등학교	공립	053-231-4900
2201	와룡고등학교	대구시	고등학교	공립	053-231-5030
2202	성산고등학교	대구시	고등학교	공립	053-231-5700
2203	대곡고등학교	대구시	고등학교	공립	053-231-5676
2204	도원고등학교	대구시	고등학교	공립	053-231-6000
2205	대진고등학교	대구시	고등학교	공립	053-231-6592
2206	경원고등학교	대구시	고등학교	사립	053-235-5646
2207	경화여자고등학교	대구시	고등학교	사립	053-235-7569
2207	대건고등학교	대구시	고등학교	사립	053-235-4550
2208	송현여자고등학교	대구시	고등학교	사립	053-235-7800
2209	영남고등학교	대구시	고등학교	사립	053-235-4100
2210	원화여자고등학교	대구시	고등학교	사립	053-235-7078
2211	효성여자고등학교	대구시	고등학교	사립	053-235-7000
2212	대구상원고등학교	대구시	고등학교	공립	053-231-6062
2213	대구외국어고등학교	대구시	고등학교	공립	053-231-7800
2214	경북기계공업고등학교	대구시	고등학교	공립	053-231-8308
2215	대구하이텍고등학교	대구시	고등학교	공립	053-231-8708
2216	대구전자공업고등학교	대구시	고등학교	공립	053-231-8490
2217	대구제일여자상업고등학교	대구시	고등학교	공립	053-231-9275
2218	대구보건고등학교	대구시	고등학교	사립	053-235-9434
2219	상서고등학교	대구시	고등학교	사립	053-235-9603
2220	대구교육대대구부설초등학교	남부	초등학교	국립	053-234-5332
2221	대구한샘초등학교	남부	초등학교	공립	053-234-5283

번호	도서관명	지역	시군구	도서관구분	전화번호
2223	대구감삼초등학교	남부	초등학교	공립	053-234-2000
2224	대구감천초등학교	남부	초등학교	공립	053-234-2740
2225	대구남부초등학교	남부	초등학교	공립	053-234-1009
2226	대구남송초등학교	남부	초등학교	공립	053-234-2210
2227	대구내당초등학교	남부	초등학교	공립	053-234-0438
2228	대구노전초등학교	남부	초등학교	공립	053-234-3350
2229	대구대곡초등학교	남부	초등학교	공립	053-234-3203
2230	대구대남초등학교	남부	초등학교	공립	053-234-2113
2231	대구한실초등학교	남부	초등학교	공립	053-234-5890
2232	대구대서초등학교	남부	초등학교	공립	053-234-2504
2233	대구대진초등학교	남부	초등학교	공립	053-234-4270
2234	대구덕인초등학교	남부	초등학교	공립	053-234-2279
2235	대구도원초등학교	남부	초등학교	공립	053-234-3504
2236	대구본리초등학교	남부	초등학교	공립	053-234-1280
2237	대구상원초등학교	남부	초등학교	공립	053-234-3028
2339	인천신선초등학교	남부	초등학교	공립	032-650-0800
2340	인천신흥초등학교	남부	초등학교	공립	032-629-0440
2341	인천연안초등학교	남부	초등학교	공립	032-629-1444
2342	인천영종초등학교	남부	초등학교	공립	032-627-9880
2343	인천용유초등학교	남부	초등학교	공립	032-510-6401
2344	인천운서초등학교	남부	초등학교	공립	032-746-5095
2345	인천신광초등학교	남부	초등학교	공립	032-882-0474
2346	인천하늘초등학교	남부	초등학교	공립	032-745-6700
2347	인천삼목초등학교	남부	초등학교	공립	032-746-2812
2348	인천운남초등학교	남부	초등학교	공립	032-746-2190
2349	인성초등학교	남부	초등학교	사립	032-772-2239
2350	인천중산초등학교	남부	초등학교	공립	032-509-3600
2351	인천공항중학교	남부	중학교	공립	032-746-3703
2352	신흥여자중학교	남부	중학교	공립	032-883-2922

번호	도서관명	지역	시군구	도서관구분	전화번호
2353	신흥중학교	남부	중학교	공립	032-883-1955
2354	영종중학교	남부	중학교	공립	032-746-0010
2355	용유중학교	남부	중학교	공립	032-510-6401
2356	광성중학교	남부	중학교	사립	032-760-5296
2357	송도중학교	남부	중학교	사립	032-772-9383
2358	인성여자중학교	남부	중학교	사립	032-762-8505
2359	인천중산중학교	남부	중학교	공립	032-509-4900
2360	인천하늘중학교	남부	중학교	공립	032-452-6100
2361	동산고등학교	인천시	고등학교	사립	032-763-7827
2362	인천재능고등학교	인천시	고등학교	사립	032-890-7969
2363	영화국제관광고등학교	인천시	고등학교	사립	032-764-7920
2364	인천송림초등학교	남부	초등학교	공립	032-764-2342
2365	인천만석초등학교	남부	초등학교	공립	032-772-4784
2366	인천서림초등학교	남부	초등학교	공립	032-766-3327
2367	인천서흥초등학교	남부	초등학교	공립	032 629-0088
2368	인천송현초등학교	남부	초등학교	공립	032-764-4482
2369	영화초등학교	남부	초등학교	사립	032-764-5131
2370	인천창영초등학교	남부	초등학교	공립	032-765-4332
2371	인천동명초등학교	남부	초등학교	사립	032-773-7549
2372	화도진중학교	남부	중학교	공립	032-761-4612
2373	인천재능중학교	남부	중학교	사립	032-627-6982
2374	동산중학교	남부	중학교	사립	032-629-3462
2375	인천연송고등학교	인천시	고등학교	공립	032-712-2000
2376	인천포스코고등학교	인천시	고등학교	사립	032-850-8614
2377	연수고등학교	인천시	고등학교	공립	032-817-0052
2378	연수여자고등학교	인천시	고등학교	공립	032-457-1234
2379	인천여자고등학교	인천시	고등학교	공립	032-810-6307
2380	인천해송고등학교	인천시	고등학교	공립	032-831-0321
2381	인천대건고등학교	인천시	고등학교	사립	032-822-0451

번호	도서관명	지역	시군구	도서관구분	전화번호
2382	박문여자고등학교	인천시	고등학교	사립	032-550-1940
2383	송도고등학교	인천시	고등학교	사립	032-627-4080
2384	옥련여자고등학교	인천시	고등학교	공립	032-650-3000
2385	신송고등학교	인천시	고등학교	공립	032-851-1612
2386	인천과학예술영재학교	인천시	고등학교	공립	032-890-6713
2387	인천바이오과학고등학교	인천시	고등학교	공립	032-817-0121
2388	인천해양과학고등학교	인천시	고등학교	공립	032-832-4654
2389	인천생활과학고등학교	인천시	고등학교	공립	032-822-9252
2390	인천뷰티예술고등학교	인천시	고등학교	공립	032-627-3800
2391	인천새봄초등학교	동부	초등학교	공립	032-455-8800
2392	인천첨단초등학교	동부	초등학교	공립	032-340-8000
2393	인천예송초등학교	동부	초등학교	공립	032-458-9160
2394	인천송일초등학교	동부	초등학교	공립	032-550-7775
2395	인천연송초등학교	동부	초등학교	공립	032-460-7700
2396	인천현송초등학교	동부	초등학교	공립	032-452-8120
2397	인천능허대초등학교	동부	초등학교	공립	032-837-7299
2398	인천동막초등학교	동부	초등학교	공립	032-814-2149
2399	인천명선초등학교	동부	초등학교	공립	032-851-7301
2400	인천송원초등학교	동부	초등학교	공립	032-830-7300
2401	인천동춘초등학교	동부	초등학교	공립	032-812-5561
2402	인천신정초등학교	동부	초등학교	공립	032-851-9050
2403	인천문남초등학교	동부	초등학교	공립	032-815-2078
2404	인천서면초등학교	동부	초등학교	공립	032-819-0291
2405	인천선학초등학교	동부	초등학교	공립	032-814-2571
2406	인천송도초등학교	동부	초등학교	공립	032-832-0468
2407	인천연성초등학교	동부	초등학교	공립	032-629-5080
2408	인천연수초등학교	동부	초등학교	공립	032-816-7111
2409	인천연화초등학교	동부	초등학교	공립	032-629-5278
2410	인천옥련초등학교	동부	초등학교	공립	032-629-5361

번호	도서관명	지역	시군구	도서관구분	전화번호
2411	인천먼우금초등학교	동부	초등학교	공립	032-629-6240
2412	인천중앙초등학교	동부	초등학교	공립	032-817-8278
2413	인천청량초등학교	동부	초등학교	공립	032-510-6307
2414	인천청학초등학교	동부	초등학교	공립	032-629-5265
2415	인천축현초등학교	동부	초등학교	공립	032-834-8492
2416	인천신송초등학교	동부	초등학교	공립	032-858-0940
2417	인천함박초등학교	동부	초등학교	공립	032-821-0432
2418	인천해송초등학교	동부	초등학교	공립	032-833-0873
2419	인천송명초등학교	동부	초등학교	공립	032-830-7500
2420	인천미송초등학교	동부	초등학교	공립	032-509-1000
2421	인천은송초등학교	동부	초등학교	공립	032-510-7522
2422	인천송담초등학교	동부	초등학교	공립	032-456-7000
2423	인천박문초등학교	동부	초등학교	사립	032-810-8500
2424	연성중학교	동부	중학교	공립	032-629-8047
2425	인천신정중학교	동부	중학교	공립	032-858-9124
2426	인천예송중학교	동부	중학교	공립	032-340-8600
2427	인천미송중학교	동부	중학교	공립	032-456-3100
2428	선학중학교	동부	중학교	공립	032-814-2907
2429	연수중학교	동부	중학교	공립	032-629-8007
2430	연화중학교	동부	중학교	공립	032-822-5581
2431	옥련중학교	동부	중학교	공립	032-834-1581
2432	인송중학교	동부	중학교	공립	032-832-8511
2433	인천여자중학교	동부	중학교	공립	032-629-8323
2434	인천중학교	동부	중학교	공립	032-811-3621
2435	청량중학교	동부	중학교	공립	032-819-8149
2436	청학중학교	동부	중학교	공립	032-817-4038
2437	함박중학교	동부	중학교	공립	032-831-1461
2438	능허대중학교	동부	중학교	공립	032-550-7800
2439	신송중학교	동부	중학교	공립	032-851-0562

번호	도서관명	지역	시군구	도서관구분	전화번호
2440	박문중학교	동부	중학교	사립	032-890-1902
2441	인천해송중학교	동부	중학교	공립	032-851-6831
2442	인천현송중학교	동부	중학교	공립	032-610-6100
2443	인명여자고등학교	인천시	고등학교	사립	032-650-9265
2444	인화여자고등학교	인천시	고등학교	공립	032-765-0621
2445	선인고등학교	인천시	고등학교	공립	032-761-6124
2446	인천고등학교	인천시	고등학교	공립	032-451-0613
2447	학익고등학교	인천시	고등학교	공립	032-868-4143
2448	학익여자고등학교	인천시	고등학교	공립	032-712-5606
2449	인하대학교사범대학부속고등학교	인천시	고등학교	사립	032-453-9400
2450	인항고등학교	인천시	고등학교	사립	032-885-3302
2451	인천대중예술고등학교	인천시	고등학교	공립	032-760-9104
2452	인천소방고등학교	인천시	고등학교	공립	032-760-0107
2453	인천기계공업고등학교	인천시	고등학교	공립	032-865-9801
2454	인천전자마이스터고등학교	인천시	고등학교	공립	032-764-7021
2455	정석항공과학고등학교	인천시	고등학교	사립	032-867-6243
2456	인천비즈니스고등학교	인천시	고등학교	공립	032-763-3037
2457	문학정보고등학교	인천시	고등학교	공립	032-627-0777
2458	인천용학초등학교	남부	초등학교	공립	032-627-6300
2459	인천관교초등학교	남부	초등학교	공립	032-434-0492
2462	인천도화초등학교	남부	초등학교	공립	032-874-2585
2463	인천문학초등학교	남부	초등학교	공립	032-425-2801
2464	인천백학초등학교	남부	초등학교	공립	032-868-6778
2465	인천서화초등학교	남부	초등학교	공립	032-629-0897
2466	인천석암초등학교	남부	초등학교	공립	032-424-0143
2467	인천숭의초등학교	남부	초등학교	공립	032-887-9011
2468	인천승학초등학교	남부	초등학교	공립	032-432-9775
2469	인천용일초등학교	남부	초등학교	공립	032-874-0500

번호	도서관명	지역	시군구	도서관구분	전화번호
2470	인천용정초등학교	남부	초등학교	공립	032-868-2384
2471	인천용현초등학교	남부	초등학교	공립	032-629-0679
2472	인천용현남초등학교	남부	초등학교	공립	032-884-8468
2473	인천인주초등학교	남부	초등학교	공립	032-875-2607
2474	인천주안초등학교	남부	초등학교	공립	032-629-0245
2475	인천주안남초등학교	남부	초등학교	공립	032-424-7247
2476	인천주안북초등학교	남부	초등학교	공립	032-867-3160
2477	인천학익초등학교	남부	초등학교	공립	032-629-0430
2478	인천연학초등학교	남부	초등학교	공립	032-873-1591
2479	인천학산초등학교	남부	초등학교	공립	032-865-7515
2480	인천경원초등학교	남부	초등학교	공립	032-450-4430
2481	관교중학교	남부	중학교	공립	032-435-0345
2482	관교여자중학교	남부	중학교	공립	032-434-2763
2483	인천남중학교	남부	중학교	공립	032-882-2503
2484	남인천여자중학교	남부	중학교	공립	032-629-2469
2485	선인중학교	남부	중학교	공립	032-764-4311
2486	선화여자중학교	남부	중학교	공립	032-766-5690
2487	용현중학교	남부	중학교	공립	032-885-2509
2488	용현여자중학교	남부	중학교	공립	032-884-8462
2489	인화여자중학교	남부	중학교	공립	032-762-2015
2490	제물포여자중학교	남부	중학교	공립	032-423-8079
2491	인주중학교	남부	중학교	공립	032-629-3287
2492	인하대사범대학부속중학교	남부	중학교	사립	032-452-9900
2493	인천논현고등학교	인천시	고등학교	공립	032-446-0634
2494	동인천고등학교	인천시	고등학교	공립	032-721-3605
2495	인제고등학교	인천시	고등학교	사립	032-422-6681
2496	석정여자고등학교	인천시	고등학교	공립	032-720-7200
2497	인천송천고등학교	인천시	고등학교	공립	032-432-2263
2498	인천남고등학교	인천시	고등학교	공립	032-722-1500

번호	도서관명	지역	시군구	도서관구분	전화번호
2499	인천고잔고등학교	인천시	고등학교	공립	032-430-2400
2500	문일여자고등학교	인천시	고등학교	사립	032-465-3413
2501	숭덕여자고등학교	인천시	고등학교	사립	032-462-5296
2502	신명여자고등학교	인천시	고등학교	사립	032-422-0331
2503	도림고등학교	인천시	고등학교	공립	032-622-2430
2504	인천만수고등학교	인천시	고등학교	공립	032-473-0372
2505	인천남동고등학교	인천시	고등학교	공립	032-421-2982
2506	인천예술고등학교	인천시	고등학교	공립	032-433-3145
2507	미추홀외국어고등학교	인천시	고등학교	공립	032-442-0963
2508	인천금융고등학교	인천시	고등학교	사립	032-465-6503
2509	인천간석초등학교	동부	초등학교	공립	032-629-3820
2510	인천장서초등학교	동부	초등학교	공립	032-770-9844
2511	인천구월초등학교	동부	초등학교	공립	032-629-3664
2512	인천구월서초등학교	동부	초등학교	공립	032-431-6821
2513	인천남동초등학교	동부	초등학교	공립	032-462-0104
2514	인천남촌초등학교	동부	초등학교	공립	032-466-5693
2515	인천논곡초등학교	동부	초등학교	공립	032-446-2988
2516	인천담방초등학교	동부	초등학교	공립	032-468-8074
2517	인천도림초등학교	동부	초등학교	공립	032-441-0095
2518	인천한빛초등학교	동부	초등학교	공립	032-471-6433
2519	인천동부초등학교	동부	초등학교	공립	032-629-4059
2520	인천만수초등학교	동부	초등학교	공립	032-471-4252
2521	인천만수북초등학교	동부	초등학교	공립	032-629-4359
2522	인천사리울초등학교	동부	초등학교	공립	032-438-9202
2523	인천송천초등학교	동부	초등학교	공립	032-437-4860
2524	인천원동초등학교	동부	초등학교	공립	032-629-7085
2525	인천만월초등학교	동부	초등학교	공립	032-469-3923
2526	상인천초등학교	동부	초등학교	공립	032-432-7692
2527	인천석정초등학교	동부	초등학교	공립	032-431-3932

번호	도서관명	지역	시군구	도서관구분	전화번호
2528	인천석천초등학교	동부	초등학교	공립	032-469-4020
2529	인천성리초등학교	동부	초등학교	공립	032-629-5617
2530	인천소래초등학교	동부	초등학교	공립	032-446-5038
2531	인천약산초등학교	동부	초등학교	공립	032-424-7204
2532	인천인동초등학교	동부	초등학교	공립	032-629-5780
2533	인천인수초등학교	동부	초등학교	공립	032-461-8906
2534	인천장수초등학교	동부	초등학교	공립	032-463-4279
2535	인천장아초등학교	동부	초등학교	공립	032-770-7000
2536	인천조동초등학교	동부	초등학교	공립	032-472-3012
2537	인천주원초등학교	동부	초등학교	공립	032-431-0042
2538	인천고잔초등학교	동부	초등학교	공립	032-433-0462
2539	인천신월초등학교	동부	초등학교	공립	032-629-6100
2540	인천새말초등학교	동부	초등학교	공립	032-472-6122
2541	인천서창초등학교	동부	초등학교	공립	032-465-0226
2542	인천장도초등학교	동부	초등학교	공립	032-446-9781
2543	인천동방초등학교	동부	초등학교	공립	032-442-0343
2544	인천논현초등학교	동부	초등학교	공립	032-446-5191
2545	인천은봉초등학교	동부	초등학교	공립	032-446-5395
2546	인천정각초등학교	동부	초등학교	공립	032-462-7646
2547	인천상아초등학교	동부	초등학교	공립	032-473-3023
2548	간석여자중학교	동부	중학교	공립	032-429-5969
2549	구월중학교	동부	중학교	공립	032-460-6503
2550	구월여자중학교	동부	중학교	공립	032-433-4005
2551	남동중학교	동부	중학교	공립	032-462-0120
2552	논곡중학교	동부	중학교	공립	032-4426-8552
2553	동인천중학교	동부	중학교	공립	032-629-7392
2554	만성중학교	동부	중학교	공립	032-629-8085
2555	만수중학교	동부	중학교	공립	032-467-1833
2556	인천사리울중학교	동부	중학교	공립	032-435-1635

번호	도서관명	지역	시군구	도서관구분	전화번호
2557	만수북중학교	동부	중학교	공립	032-472-3126
2558	만수여자중학교	동부	중학교	공립	032-464-2262
2559	만월중학교	동부	중학교	공립	032-457-4600
2560	상인천중학교	동부	중학교	공립	032-422-0952
2561	상인천여자중학교	동부	중학교	공립	032-437-9711
2562	인천고잔중학교	동부	중학교	공립	032-438-1380
2563	석정중학교	동부	중학교	공립	032-425-0780
2564	인천논현중학교	동부	중학교	공립	032-446-7910
2565	인천성리중학교	동부	중학교	공립	032-469-3924
2566	인천동방중학교	동부	중학교	공립	032-429-2922
2567	인천정각중학교	동부	중학교	공립	032-770-1700
2568	인천서창중학교	동부	중학교	공립	032-473-0338
2569	숭덕여자중학교	동부	중학교	사립	032-463-7436
2570	만수북중학교	동부	중학교	공립	032-472-3127
2571	만수여자중학교	동부	중학교	공립	032-464-2263
2572	만월중학교	동부	중학교	공립	032-457-4601
2573	상인천중학교	동부	중학교	공립	032-422-0953
2574	상인천여자중학교	동부	중학교	공립	032-437-9712
2575	인천고잔중학교	동부	중학교	공립	032-438-1381
2576	삼산고등학교	인천시	고등학교	공립	032-627-5884
2577	인천영선고등학교	인천시	고등학교	공립	032-511-1635
2578	명신여자고등학교	인천시	고등학교	사립	032-458-9080
2579	인천산곡고등학교	인천시	고등학교	공립	032-508-8402
2580	세일고등학교	인천시	고등학교	사립	032-515-0972
2581	제일고등학교	인천시	고등학교	사립	032-514-6161
2582	부개고등학교	인천시	고등학교	공립	032-722-5777
2583	인천부흥고등학교	인천시	고등학교	공립	032-505-9052
2584	인천진산과학고등학교	인천시	고등학교	공립	032-508-8260
2585	인천외국어고등학교	인천시	고등학교	사립	032-620-9700

번호	도서관명	지역	시군구	도서관구분	전화번호
2586	인평자동차고등학교	인천시	고등학교	사립	032-517-0721
2587	인천미래생활고등학교	인천시	고등학교	공립	032-361-3697
2588	부평공업고등학교	인천시	고등학교	공립	032-526-0731
2589	인천개흥초등학교	북부	초등학교	공립	032-512-9688
2590	인천대정초등학교	북부	초등학교	공립	032-527-0684
2591	인천상정초등학교	북부	초등학교	공립	032-431-5302
2592	인천갈산초등학교	북부	초등학교	공립	032-508-5592
2593	인천갈월초등학교	북부	초등학교	공립	032-507-7109
2594	인천구산초등학교	북부	초등학교	공립	032-361-0833
2595	인천동수초등학교	북부	초등학교	공립	032-518-4222
2596	인천동암초등학교	북부	초등학교	공립	032-424-6670
2597	인천마곡초등학교	북부	초등학교	공립	032-522-4312
2598	인천마장초등학교	북부	초등학교	공립	032-505-5094
2599	인천미산초등학교	북부	초등학교	공립	032-502-4524
2600	인천백운초등학교	북부	초등학교	공립	032-507-6832
2601	인천부개초등학교	북부	초등학교	공립	032-517-3151
2602	인천부개서초등학교	북부	초등학교	공립	032-628-1041
2603	인천부곡초등학교	북부	초등학교	공립	032-504-3254
2604	인천부광초등학교	북부	초등학교	공립	032-522-3375
2605	인천부내초등학교	북부	초등학교	공립	032-361-8122
2606	인천부마초등학교	북부	초등학교	공립	032-519-2544
2607	인천부원초등학교	북부	초등학교	공립	032-504-8470
2608	인천부평남초등학교	북부	초등학교	공립	032-522-0454
2609	인천부평동초등학교	북부	초등학교	공립	032-503-0907
2610	인천부평북초등학교	북부	초등학교	공립	032-515-9812
2611	인천부평서초등학교	북부	초등학교	공립	032-529-7543
2612	인천부흥초등학교	북부	초등학교	공립	032-522-6708
2613	인천부일초등학교	북부	초등학교	공립	032-458-9085
2614	인천산곡초등학교	북부	초등학교	공립	032-518-1783

번호	도서관명	지역	시군구	도서관구분	전화번호
2615	인천산곡남초등학교	북부	초등학교	공립	032-516-7390
2616	인천산곡북초등학교	북부	초등학교	공립	032-516-5664
2617	인천삼산초등학교	북부	초등학교	공립	032-525-0167
2618	인천용마초등학교	북부	초등학교	공립	032-523-2795
2619	인천신촌초등학교	북부	초등학교	공립	032-522-2484
2620	인천십정초등학교	북부	초등학교	공립	032-421-1060
2621	인천일신초등학교	북부	초등학교	공립	032-503-9603
2622	인천청천초등학교	북부	초등학교	공립	032-516-2823
2623	인천하정초등학교	북부	초등학교	공립	032-429-3867
2624	인천한길초등학교	북부	초등학교	공립	032-507-4874
2625	인천후정초등학교	북부	초등학교	공립	032-517-2651
2626	인천굴포초등학교	북부	초등학교	공립	032-511-3870
2627	인천진산초등학교	북부	초등학교	공립	032-511-3713
2628	인천영선초등학교	북부	초등학교	공립	032-521-7384
2629	인천금마초등학교	북부	초등학교	공립	032-508-6070
2630	한일초등학교	북부	초등학교	사립	032-502-5621
2631	구산중학교	북부	중학교	공립	032-361-9092
2632	인천상정중학교	북부	중학교	공립	032-421-4126
2633	갈산중학교	북부	중학교	공립	032-527-7144
2634	동암중학교	북부	중학교	공립	032-425-1759
2635	부광중학교	북부	중학교	공립	032-511-6052
2636	부원중학교	북부	중학교	공립	032-505-2632
2637	부원여자중학교	북부	중학교	공립	032-526-3968
2638	부일중학교	북부	중학교	공립	032-628-3861
2639	부일여자중학교	북부	중학교	공립	032-522-4177
2640	부평중학교	북부	중학교	공립	032-529-5132
2641	부평서중학교	북부	중학교	공립	032-522-3577
2642	부평서여자중학교	북부	중학교	공립	032-504-0412
2643	부평여자중학교	북부	중학교	공립	032-515-5814

번호	도서관명	지역	시군구	도서관구분	전화번호
2644	부흥중학교	북부	중학교	공립	032-527-5383
2645	산곡중학교	북부	중학교	공립	032-523-7322
2646	산곡남중학교	북부	중학교	공립	032-525-0430
2647	산곡여자중학교	북부	중학교	공립	032-512-6746
2648	청천중학교	북부	중학교	공립	032-503-3902
2649	삼산중학교	북부	중학교	공립	032-511-5667
2650	진산중학교	북부	중학교	공립	032-628-4300
2651	부평동중학교	북부	중학교	공립	032-529-2082
2652	서운고등학교	인천시	고등학교	공립	032-542-6662
2653	인천예일고등학교	인천시	고등학교	공립	032-555-6307
2654	인천세원고등학교	인천시	고등학교	공립	032-554-2360
2655	계산고등학교	인천시	고등학교	공립	032-542-0687
2656	계산여자고등학교	인천시	고등학교	공립	032-552-0273
2657	계양고등학교	인천시	고등학교	공립	032-553-4903
2658	인천효성고등학교	인천시	고등학교	공립	032-556-8181
2659	안남고등학교	인천시	고등학교	공립	032-555-4280
2660	작전고등학교	인천시	고등학교	공립	032-555-1595
2661	작전여자고등학교	인천시	고등학교	공립	032-627-5364
2662	계산공업고등학교	인천시	고등학교	공립	032-552-2032
2663	인천효성동초등학교	서부	초등학교	공립	032-547-0815
2664	인천부현동초등학교	서부	초등학교	공립	032-553-4091
2665	경인교육대학교부설초등학교	서부	초등학교	국립	032-547-5577
2666	인천계산초등학교	서부	초등학교	공립	032-541-4792
2667	인천계양초등학교	서부	초등학교	공립	032-515-4647
2668	인천길주초등학교	서부	초등학교	공립	032-628-6417
2669	인천계양초등학교상야분교장	서부	초등학교	공립	032-544-5533
2670	인천명현초등학교	서부	초등학교	공립	032-546-3470
2671	인천병방초등학교	서부	초등학교	공립	032-548-8345

번호	도서관명	지역	시군구	도서관구분	전화번호
2672	인천안산초등학교	서부	초등학교	공립	032-555-6065
2673	인천부평초등학교	서부	초등학교	공립	032-628-4408
2674	인천부현초등학교	서부	초등학교	공립	032-552-2675
2675	인천서운초등학교	서부	초등학교	공립	032-628-6865
2676	인천성지초등학교	서부	초등학교	공립	032-546-3551
2677	인천소양초등학교	서부	초등학교	공립	032-628-5686
2678	인천신대초등학교	서부	초등학교	공립	032-553-2012
2679	인천안남초등학교	서부	초등학교	공립	032-542-7517
2680	인천작동초등학교	서부	초등학교	공립	032-548-0686
2681	인천작전초등학교	서부	초등학교	공립	032-543-0029
2682	인천화전초등학교	서부	초등학교	공립	032-542-6553
2683	인천효성초등학교	서부	초등학교	공립	032-547-6313
2684	인천효성남초등학교	서부	초등학교	공립	032-628-6559
2685	인천효성서초등학교	서부	초등학교	공립	032-628-5238
2686	인천귤현초등학교	서부	초등학교	공립	032-511-7247
2687	인천해서초등학교	서부	초등학교	공립	032-556-4370
2688	인천당산초등학교	서부	초등학교	공립	032-515-3873
2689	인천양촌초등학교	서부	초등학교	공립	032-556-9464
2690	인천예일중학교	서부	중학교	공립	032-556-4102
2691	계산중학교	서부	중학교	공립	032-545-8563
2692	계산여자중학교	서부	중학교	공립	032-549-6279
2693	계양중학교	서부	중학교	공립	032-515-6500
2694	명현중학교	서부	중학교	공립	032-554-6832
2695	북인천여자중학교	서부	중학교	공립	032-547-0288
2696	북인천중학교	서부	중학교	공립	032-554-5560
2697	서운중학교	서부	중학교	공립	032-555-0562
2698	인천안남중학교	서부	중학교	공립	032-549-4784
2699	임학중학교	서부	중학교	공립	032-552-2122
2700	인천효성중학교	서부	중학교	공립	032-547-2527

번호	도서관명	지역	시군구	도서관구분	전화번호
2701	작전중학교	서부	중학교	공립	032-556-1845
2702	인천동양중학교	서부	중학교	공립	032-556-4650
2703	인천양촌중학교	서부	중학교	공립	032-555-9540
2704	인천계수중학교	서부	중학교	공립	032-628-9521
2705	가정고등학교	인천시	고등학교	공립	032-579-9188
2706	가림고등학교	인천시	고등학교	공립	032-584-1755
2707	검단고등학교	인천시	고등학교	공립	032-567-7831
2708	인천아라고등학교	인천시	고등학교	공립	032-460-1800
2709	백석고등학교	인천시	고등학교	공립	032-567-7762
2710	인천초은고등학교	인천시	고등학교	공립	032-562-3002
2711	인천청라고등학교	인천시	고등학교	공립	032-568-9691
2712	인천해원고등학교	인천시	고등학교	공립	032-590-7600
2713	인천원당고등학교	인천시	고등학교	공립	032-569-0720
2714	대인고등학교	인천시	고등학교	사립	032-562-6311
2715	서인천고등학교	인천시	고등학교	사립	032-562-0012
2716	인천마전고등학교	인천시	고등학교	공립	032-569-4163
2717	가좌고등학교	인천시	고등학교	공립	032-720-0690
2718	인천신현고등학교	인천시	고등학교	공립	032-627-9490
2719	인천체육고등학교	인천시	고등학교	공립	032-874-0242
2720	인천디자인고등학교	인천시	고등학교	공립	032-560-1500
2721	한국주얼리고등학교	인천시	고등학교	사립	032-627-3918
2722	인천보건고등학교	인천시	고등학교	사립	032-455-0005
2723	인천세무고등학교	인천시	고등학교	사립	032-428-4523
2724	인천단봉초등학교	서부	초등학교	공립	032-590-8020
2725	인천한별초등학교	서부	초등학교	공립	032-453-9000
2726	인천도담초등학교	서부	초등학교	공립	032-569-6658
2727	인천가원초등학교	서부	초등학교	공립	032-569-6436
2728	인천해든초등학교	서부	초등학교	공립	032-453-9200
2729	인천가석초등학교	서부	초등학교	공립	032-583-0271

번호	도서관명	지역	시군구	도서관구분	전화번호
2730	인천가현초등학교	서부	초등학교	공립	032-579-7388
2731	인천가정초등학교	서부	초등학교	공립	032-628-4675
2732	인천가좌초등학교	서부	초등학교	공립	032-576-3257
2733	인천경명초등학교	서부	초등학교	공립	032-590-9300
2734	인천건지초등학교	서부	초등학교	공립	032-628-5855
2735	인천검단초등학교	서부	초등학교	공립	032-563-5988
2736	인천공촌초등학교	서부	초등학교	공립	032-569-8837
2737	인천금곡초등학교	서부	초등학교	공립	032-566-2653
2738	인천당하초등학교	서부	초등학교	공립	032-567-6891
2739	인천마전초등학교	서부	초등학교	공립	032-567-0613
2740	인천목향초등학교	서부	초등학교	공립	032-628-7237
2741	인천백석초등학교	서부	초등학교	공립	032-590-7890
2742	인천봉수초등학교	서부	초등학교	공립	032-628-5587
2743	인천청라초등학교	서부	초등학교	공립	032-569-5910
2744	인천초은초등학교	서부	초등학교	공립	032-569-3124
2745	인천불로초등학교	서부	초등학교	공립	032-628-6646
2746	인천이음초등학교	서부	초등학교	공립	032-870-8407
2747	인천서곶초등학교	서부	초등학교	공립	032-561-2015
2748	인천석남초등학교	서부	초등학교	공립	032-573-9724
2749	인천석남서초등학교	서부	초등학교	공립	032-571-0049
2750	인천신석초등학교	서부	초등학교	공립	032-572-0185
2751	인천신현초등학교	서부	초등학교	공립	032-575-0962
2752	인천신현북초등학교	서부	초등학교	공립	032-572-0174
2753	인천심곡초등학교	서부	초등학교	공립	032-562-8620
2754	인천양지초등학교	서부	초등학교	공립	032-628-7000
2755	인천창신초등학교	서부	초등학교	공립	032-568-0300
2756	인천천마초등학교	서부	초등학교	공립	032-571-7395
2757	인천해원초등학교	서부	초등학교	공립	032-560-2213
2758	인천경연초등학교	서부	초등학교	공립	032-510-7200

번호	도서관명	지역	시군구	도서관구분	전화번호
2759	인천간재울초등학교	서부	초등학교	공립	032-568-9161
2760	인천검암초등학교	서부	초등학교	공립	032-564-5337
2761	인천발산초등학교	서부	초등학교	공립	032-568-0171
2762	인천봉화초등학교	서부	초등학교	공립	032-572-9260
2763	인천은지초등학교	서부	초등학교	공립	032-628-7688
2764	인천가림초등학교	서부	초등학교	공립	032-571-6230
2765	인천왕길초등학교	서부	초등학교	공립	032-564-4825
2766	인천경서초등학교	서부	초등학교	공립	032-569-0483
2767	인천원당초등학교	서부	초등학교	공립	032-569-3084
2768	인천능내초등학교	서부	초등학교	공립	032-569-5165
2769	인천완정초등학교	서부	초등학교	공립	032-569-6984
2770	인천청일초등학교	서부	초등학교	공립	032-569-5075
2771	인천청람초등학교	서부	초등학교	공립	032-569-6912
2772	인천아람초등학교	서부	초등학교	공립	032-500-9700
2773	인천청호초등학교	서부	초등학교	공립	032-456-9100
2774	인천청람중학교	서부	중학교	공립	032-568-8171
2775	가정여자중학교	서부	중학교	공립	032-577-6781
2776	가좌중학교	서부	중학교	공립	032-571-7444
2777	인천가좌여자중학교	서부	중학교	공립	032-627-7076
2778	검단중학교	서부	중학교	공립	032-627-7420
2779	검암중학교	서부	중학교	공립	032-567-1975
2780	인천당하중학교	서부	중학교	공립	032-569-2137
2781	동인천여자중학교	서부	중학교	공립	032-577-9430
2782	인천이음중학교	서부	중학교	공립	032-580-2800
2783	인천청호중학교	서부	중학교	공립	032-456-9100
2784	인천청라중학교	서부	중학교	공립	032-561-1973
2785	불로중학교	서부	중학교	공립	032-566-9588
2786	백석중학교	서부	중학교	공립	032-567-2432
2787	서곶중학교	서부	중학교	공립	032-562-0384

번호	도서관명	지역	시군구	도서관구분	전화번호
2788	신현중학교	서부	중학교	공립	032-575-0380
2789	신현여자중학교	서부	중학교	공립	032-577-3992
2790	인천초은중학교	서부	중학교	공립	032-569-5791
2791	제물포중학교	서부	중학교	공립	032-628-9814
2792	인천경연중학교	서부	중학교	공립	032-510-7200
2793	간재울중학교	서부	중학교	공립	032-568-1628
2794	마전중학교	서부	중학교	공립	032-568-7093
2795	원당중학교	서부	중학교	공립	032-564-5422
2796	인천가현중학교	서부	중학교	공립	032-571-9934
2797	인천석남중학교	서부	중학교	공립	032-584-9415
2798	인천해원중학교	서부	중학교	공립	032-560-3603
2799	인천루원중학교	서부	중학교	공립	032-500-9500
2800	인천아라중학교	서부	중학교	공립	032-454-0590
2801	강화고등학교	인천시	고등학교	공립	032-724-2300
2802	강화여자고등학교	인천시	고등학교	공립	032-933-3554
2788	교동고등학교	인천시	고등학교	공립	032-627-6392
2789	서도고등학교	인천시	고등학교	공립	032-932-7005
2790	산마을고등학교	인천시	고등학교	사립	032-627-1893
2791	덕신고등학교	인천시	고등학교	사립	032-933-2974
2792	강남영상미디어고등학교	인천시	고등학교	공립	032-627-3024
2793	한국글로벌셰프고등학교	인천시	고등학교	사립	032-932-5903
2794	갑룡초등학교	강화	초등학교	공립	032-934-2248
2795	강화초등학교	강화	초등학교	공립	032-627-6026
2796	교동초등학교	강화	초등학교	공립	032-627-6114
2797	길상초등학교	강화	초등학교	공립	032-937-0008
2798	내가초등학교	강화	초등학교	공립	032-627-6092
2799	대월초등학교	강화	초등학교	공립	032-933-2955

번호	도서관명	지역	시군구	도서관구분	전화번호
2800	인천공항초등학교신도분교장	남부	초등학교	공립	032-752-2073
2801	북포초등학교	남부	초등학교	공립	032-836-0208
2802	인천용현남초등학교자월분교장	남부	초등학교	공립	032-831-7419
2803	연평초등학교	남부	초등학교	공립	032-627-1819
2804	영흥초등학교	남부	초등학교	공립	032-886-0435
2805	인천주안남초등학교승봉분교장	남부	초등학교	공립	032-629-1240
2806	덕적중학교	남부	중학교	공립	032-832-9303
2807	백령중학교	남부	중학교	공립	032-836-0092
2808	연평중학교	남부	중학교	공립	032-627-1819
2809	영흥중학교	남부	중학교	공립	032-886-0433
2810	광주고등학교	광주시	고등학교	공립	062-239-8850
2811	전남여자고등학교	광주시	고등학교	공립	062-220-0307
2812	살레시오여자고등학교	광주시	고등학교	시립	062-220-1448
2813	조선대학교부속고등학교	광주시	고등학교	사립	062-230-0200
2814	조선대학교여자고등학교	광주시	고등학교	사립	062-220-7500
2815	광주계림초등학교	동부	초등학교	공립	062-221-8778
2816	광주남초등학교	동부	초등학교	공립	062-220-1609
2817	광주동산초등학교	동부	초등학교	공립	062-230-9291
2818	광주산수초등학교	동부	초등학교	공립	062-221-8602
2819	광주서석초등학교	동부	초등학교	공립	062-220-8100
2820	광주용산초등학교	동부	초등학교	공립	062-230-0004
2821	지한초등학교	동부	초등학교	공립	062-220-7607
2822	광주장원초등학교	동부	초등학교	공립	062-250-3800
2823	광주중앙초등학교	동부	초등학교	공립	062-220-8204
2824	광주학운초등학교	동부	초등학교	공립	062-220-1705
2825	율곡초등학교	동부	초등학교	공립	062-260-2219

번호	도서관명	지역	시군구	도서관구분	전화번호
2826	무등중학교	동부	중학교	공립	062-220-2300
2827	광주충장중학교	동부	중학교	공립	062-230-9500
2828	운림중학교	동부	중학교	공립	062-230-3915
2829	살레시오여자중학교	동부	중학교	사립	062-220-1500
2830	조선대학교부속중학교	동부	중학교	사립	062-230-2206
2831	조선대학교여자중학교	동부	중학교	사립	062-230-9405
2832	상무고등학교	광주시	고등학교	공립	062-600-1334
2833	풍암고등학교	광주시	고등학교	공립	062-650-0501
2834	광주여자고등학교	광주시	고등학교	공립	062-231-7500
2835	전남고등학교	광주시	고등학교	공립	062-370-8556
2836	광덕고등학교	광주시	고등학교	사립	062-380-6700
2837	광주대동고등학교	광주시	고등학교	사립	062-600-3607
2838	광주서석고등학교	광주시	고등학교	사립	062-360-3800
2839	상일여자고등학교	광주시	고등학교	공립	062-385-6024
2840	금부초등학교	서부	초등학교	공립	062-410-1788
2841	풍암초등학교	서부	초등학교	공립	062-670-7304
2842	광주광천초등학교	서부	초등학교	공립	062-360-6773
2843	빛고을초등학교	서부	초등학교	공립	062-510-2771
2844	광주극락초등학교	서부	초등학교	공립	062-370-2607
2845	광림초등학교	서부	초등학교	공립	062-510-3703
2846	광주상무초등학교	서부	초등학교	공립	062-370-2804
2847	광주서초등학교	서부	초등학교	공립	062-360-4104
2848	광주양동초등학교	서부	초등학교	공립	062-606-5700
2849	광주화정초등학교	서부	초등학교	공립	062-380-2702
2850	금호초등학교	서부	초등학교	공립	062-370-7172
2851	성진초등학교	서부	초등학교	공립	062-602-5506
2852	서광초등학교	서부	초등학교	공립	062-370-1102
2853	송학초등학교	서부	초등학교	공립	062-602-4009
2854	염주초등학교	서부	초등학교	공립	062-380-1100

번호	도서관명	지역	시군구	도서관구분	전화번호
2855	운천초등학교	서부	초등학교	공립	062-600-2773
2856	주월초등학교	서부	초등학교	공립	062-602-3800
2857	화개초등학교	서부	초등학교	공립	062-670-5105
2858	유덕초등학교	서부	초등학교	공립	062-380-6505
2859	화정남초등학교	서부	초등학교	공립	062-602-2281
2860	효광초등학교	서부	초등학교	공립	062-606-8105
2861	유촌초등학교	서부	초등학교	공립	062-370-8700
2862	금당초등학교	서부	초등학교	공립	062-670-6203
2863	신암초등학교	서부	초등학교	공립	062-650-0672
2864	치평초등학교	서부	초등학교	공립	062-370-5803
2865	마재초등학교	서부	초등학교	공립	062-670-5203
2866	계수초등학교	서부	초등학교	공립	062-380-2107
2867	운리초등학교	서부	초등학교	공립	062-650-3803
2868	만호초등학교	서부	초등학교	공립	062-370-0200
2869	살레시오초등학교	서부	초등학교	사립	062-227-1016
2870	상일중학교	서부	중학교	공립	062-380-0200
2871	광주중학교	서부	중학교	공립	062-650-0700
2872	광주화정중학교	서부	중학교	공립	062-380-3700
2873	광주효광중학교	서부	중학교	공립	062-380-7392
2874	금호중학교	서부	중학교	공립	062-370-0700
2875	상무중학교	서부	중학교	공립	062-380-6301
2876	전남중학교	서부	중학교	공립	062-720-5153
2877	치평중학교	서부	중학교	공립	062-380-2354
2878	대자중학교	서부	중학교	공립	062-510-3895
2879	광주동명중학교	서부	중학교	공립	062-603-8130
2880	풍암중학교	서부	중학교	공립	062-650-9507
2881	운리중학교	서부	중학교	공립	062-712-3351
2882	유덕중학교	서부	중학교	공립	062-370-2744
2883	광덕중학교	서부	중학교	사립	062-380-6600

번호	도서관명	지역	시군구	도서관구분	전화번호
2884	광주서석중학교	서부	중학교	사립	062-360-3968
2885	설월여자고등학교	광주시	고등학교	사립	062-650-7952
2886	광주동성고등학교	광주시	고등학교	사립	062-670-4515
2887	광주석산고등학교	광주시	고등학교	사립	062-650-7627
2888	광주수피아여자고등학교	광주시	고등학교	사립	062-670-3011
2889	광주인성고등학교	광주시	고등학교	사립	062-670-9200
2890	동아여자고등학교	광주시	고등학교	사립	062-650-1900
2891	대광여자고등학교	광주시	고등학교	사립	062-672-1216
2892	문성고등학교	광주시	고등학교	사립	062-670-7504
2893	송원고등학교	광주시	고등학교	사립	062-360-5503
2894	송원여자고등학교	광주시	고등학교	사립	062-360-5553
2895	호남삼육고등학교	광주시	고등학교	사립	062-720-3606
2896	동일미래과학고등학교	광주시	고등학교	사립	062-650-6200
2897	숭의과학기술고등학교	광주시	고등학교	사립	062-606-5826
2898	광주여자상업고등학교	광주시	고등학교	사립	062-670-4533
2899	송원여자상업고등학교	광주시	고등학교	사립	062-360-5979
2900	서진여자고등학교	광주시	고등학교	사립	062-672-1213
2901	빛여울초등학교	서부	초등학교	공립	062-712-1006
2902	광주농성초등학교	서부	초등학교	공립	062-360-6520
2903	광주대성초등학교	서부	초등학교	공립	062-650-3902
2904	광주방림초등학교	서부	초등학교	공립	062-670-7208
2905	광주백운초등학교	서부	초등학교	공립	062-670-9106
2906	광주봉주초등학교	서부	초등학교	공립	062-650-6603
2907	광주월산초등학교	서부	초등학교	공립	062-720-3572
2908	광주제석초등학교	서부	초등학교	공립	062-650-6708
2909	광주학강초등학교	서부	초등학교	공립	062-720-5306
2910	광주효덕초등학교	서부	초등학교	공립	062-650-1107
2911	대촌중앙초등학교	서부	초등학교	공립	062-380-7100
2912	무학초등학교	서부	초등학교	공립	062-608-8304

번호	도서관명	지역	시군구	도서관구분	전화번호
2913	봉선초등학교	서부	초등학교	공립	062-670-4192
2914	효천초등학교	서부	초등학교	공립	062-612-8503
2915	유안초등학교	서부	초등학교	공립	062-650-3707
2916	장산초등학교	서부	초등학교	공립	062-650-2302
2917	조봉초등학교	서부	초등학교	공립	062-650-3506
2918	진월초등학교	서부	초등학교	공립	062-670-3101
2919	불로초등학교	서부	초등학교	공립	062-650-1883
2920	진남초등학교	서부	초등학교	공립	062-670-8707
2921	광주삼육초등학교	서부	초등학교	사립	062-230-3605
2922	광주송원초등학교	서부	초등학교	사립	062-360-5591
2923	진제초등학교	서부	초등학교	공립	062-717-3900
2924	광주무진중학교	서부	중학교	공립	062-350-5300
2925	광주서광중학교	서부	중학교	공립	062-603-8203
2926	금당중학교	서부	중학교	공립	062-650-0884
2927	대촌중학교	서부	중학교	공립	062-712-3106
2928	봉선중학교	서부	중학교	공립	062-650-1307
2929	주월중학교	서부	중학교	공립	062-670-5800
2930	광주동성여자중학교	서부	중학교	사립	062-670-4543
2931	광주동성중학교	서부	중학교	사립	062-670-4522
2932	광주송원중학교	서부	중학교	사립	062-360-5533
2933	광주수피아여자중학교	서부	중학교	사립	062-720-8282
2934	대성여자중학교	서부	중학교	사립	062-671-0217
2935	동아여자중학교	서부	중학교	사립	062-650-1200
2936	문성중학교	서부	중학교	사립	062-670-7586
2937	숭의중학교	서부	중학교	사립	062-606-5914
2938	진남중학교	서부	중학교	공립	062-717-3410
2939	효천중학교	서부	중학교	공립	062-720-2205
2940	전남대사범대학부설고등학교	광주시	고등학교	국립	062-530-3840
2941	광주제일고등학교	광주시	고등학교	공립	062-510-8805

번호	도서관명	지역	시군구	도서관구분	전화번호
2942	고려고등학교	광주시	고등학교	사립	062-570-9300
2943	광주경신여자고등학교	광주시	고등학교	사립	062-605-4849
2944	광주동신고등학교	광주시	고등학교	사립	062-520-2157
2945	광주동신여자고등학교	광주시	고등학교	사립	062-520-2169
2946	광주숭일고등학교	광주시	고등학교	사립	062-608-0575
2947	금호중앙여자고등학교	광주시	고등학교	사립	062-607-1043
2948	국제고등학교	광주시	고등학교	사립	062-570-9993
2949	금호고등학교	광주시	고등학교	사립	062-608-1017
2950	살레시오고등학교	광주시	고등학교	사립	062-608-9100
2951	서강고등학교	광주시	고등학교	사립	062-520-7800
2952	문정여자고등학교	광주시	고등학교	공립	062-260-8207
2953	빛고을고등학교	광주시	고등학교	공립	062-712-8800
2954	광주체육고등학교	광주시	고등학교	공립	062-520-7100
2955	광주과학고등학교	광주시	고등학교	공립	062-670-3257
2956	광주예술고등학교	광주시	고등학교	공립	062-520-8840
2957	광주자연과학고등학교	광주시	고등학교	공립	062-260-3700
2958	광주공업고등학교	광주시	고등학교	공립	062-570-2904
2959	금파공업고등학교	광주시	고등학교	사립	062-605-6100
2960	전남여자상업고등학교	광주시	고등학교	사립	062-570-8708
2961	광주교육대광주부설초등학교	동부	초등학교	국립	062-520-4363
2962	용두초등학교	동부	초등학교	공립	062-605-7501
2963	건국초등학교	동부	초등학교	공립	062-718-3508
2964	각화초등학교	동부	초등학교	공립	062-260-2600
2965	경양초등학교	동부	초등학교	공립	062-609-8408
2966	광주동초등학교	동부	초등학교	공립	062-250-2700
2967	광주동운초등학교	동부	초등학교	공립	062-520-5500
2968	광주문화초등학교	동부	초등학교	공립	062-260-2002
2969	광주북초등학교	동부	초등학교	공립	062-717-1700
2970	광주서림초등학교	동부	초등학교	공립	062-520-8605

제7장 암을 이기는 우리들의 음식

암예방에 가장 기본적인 음식은 현미와 콩입니다.

★ **암예방에 가장 기본적인 음식은 현미와 콩입니다.** ★

 모든 병이나 암을 무서워하지 말고 평소부터 식생활을 조절하면 예방하거나 상당부분 억제할 수 있습니다.

1. 암은 극복할 수 있는 병이다

 ■ **암을 알아라, 그래야 이긴다.**
 주변에 암에 대한 경험과 해박한 지식을 가진 멘토(Mentor)를 두십시요. 멘토를 통해서 암의 지식을 얻든, 아니면 서점에 가서 암에 관련된 서적을 사서 암에 대한 지식을 쌓아야 한다. 선택하는 책중 한권은 암을 극복한 체험사례를 정리한 책이 있어야 하며, 책의 내용 중에서 암을 극복한 사람의 생활습관 변화를 유심히 관찰하여 자기의 생활습관을 바꾸는 것이 매우 중요하다. 또한 암 관련제품에 대한 식견을 높여야 합니다. 경제성과 효능, 효과와 편리성 등 환자에게 맞는 제품인지 신중히 따져봐야 한다. 예를 들면 항산화제의 일종인 녹차에서 추출한 카테킨이란 성분은 추출하는 기술에 따라 카페인 함량이 8%~30%나 되는 제품이 있다.
 그러나 이 모두가 카테킨이란 이름으로 판매되고 있습니다. 참고로 카페인은 암환자에게 좋지 못하다. 제품의 정기능만 내세우고 역기능을 감춘 제품들은 너무나 많다는 것이다. 그리고 암은 한가지 물질로만은 절대 치유할 수 없다.

 ■ **암세포는 42℃에서 죽거나 멈춘다는 것을 알아라.**

 암은 일명 냉병이라고도 합니다. 몸이 차면 그만큼 면역력은 떨어지게 되고 반면에 암세포 증식은 활기를 띄게 된다. 암세포는 42℃에서 증식이 중단되거나 죽는다.
 암환자에게는 높은 체온은 문제가 되지 않으나 낮은 체온은 인위적으로라도 온도를 올려야 암세포 증식을 억제시킬 뿐만 아니라 죽일 수가 있습니다.

그러므로 꾸준한 유산소 운동과 원적외선 8~10㎛파장이 나오는 원적외선 찜질 또는 CTP-5000S 온열치료기로 환부 또는 몸 전체를 쪼여주면 치유효과가 매우 크다.

■ 몸에 있는 면역력을 최대로 강화시켜야 됩니다.

면역은 모든 질병과 맞서 싸워 우리 몸을 지켜주는 수호신이다. 이런 면역기능이 저하되면 암이 찾아오는 것입니다. 병원에서 수술을 하고, 항암치료와 방사선치료만으로 암환자를 오나치시킬 확률은 매우 낮다. 그러나 항산화력과 면역력을 키워주고 세포간 커뮤니케이션이 유기적으로 일어나게 하여 자연치유력을 키워주는 것과 병행한다면 완치율이 높은 것이 암입니다.

특히, 암은 면역체계가 무너질 때 비로소 발병되므로 암 예방 및 암 치료 전후로 면역을 최대한 활성화 시켜야 합니다.

면역력 증진은 가장 큰 과제이며, 시중에 무분별한 면역제 제품에 주의하여야 하며, 또한 천연물질 공급과 올바른 생활습관이 동시에 이루어져야 합니다.

■ 암에 강한 체질로 바꿔야 된다.

건강체질과 병체질이 있는 것은 이미 잘 아는 바입니다.

병 체질은 곧 인체의 Ph농도에 의해 결정되는 것이다. 즉, 산과 염기의 균형, 세포밖과 내부의 산도에 따라 체질이 구별되어지는데 특히, 암 체질은 세포내부에 산성물질이 과다하에 축적되어 있는 특징이 있습니다. 따라서 세포내부를 산성화시키는 요인들을 찾아 제거시켜야 하는데, 이때 가장 중요한 것이 염기성 생리활성물질인 메타젠을 다량 투입시켜 주는 방법이 있습니다.

■ 긍정적이고 적극적인 마음으로 대처하라.

마음이 꽉 막힌 곳을 털어내기 위해서는 누군가가 옆에 있어 모든 것을 허심탄회하게 상의할 수 있는 대화의 상대자가 필요합니다.

마음이 답답하고 걱정만 가득 차고 한숨반, 시름 반으로 하루하루를 지내신다면 내 몸 안의 모든 기능들(암을 이겨낼 수 있는)도 함께 막혀버린다. 머리와 가슴이 개운할 정도로 늘 내화를 나눌 수 있는 나의 가장 친한 말벗을 꼭 만들어야 합니다.

유전자는 뜻에 반응하므로 암 정도는 능히 이겨낼 수 있다는 신념과 마음을 다스릴 수 있는 힘이 암을 이기는 지름길입니다. 긍정적이고 적극적인 사고로 욕심을 버리고 작은 일에도 기쁨과 감사의 마음을 갖고 삶을 즐길 수 있는 여유와 함께 건전한 삶을 누리기 위한

생활지침을 정하여 스스로 노력하고 실천해야 합니다.

또한 머리에서 발끝까지 매일같이 닦고 정돈하고 쓰다듬으면서 몸 전체를 사랑하는 마음을 키워야 합니다. 틈만 나면 내 몸을 보듬으며 사랑스런 대화를 하면서 내 안의 나쁜 세포들이 미안한 맘과 질투가 생길 정도로 자신의 몸을 아끼고 사랑하여야 암을 이길 수 있습니다.

2. 생활속에서 암을 예방할 수 있습니다.

■ 잡곡밥을 먹는 것이 좋다.

알곡의 껍질에 중요한 영양물질이 가득 들어있다. 껍질과 씨눈을 제거한 흰쌀밥은 영양학적으로나 성인병의 측면에서나 좋지않습니다. 현미를 비롯한 오곡 잡곡밥을 먹는 것이 좋다. 현미(70%)+콩(30%)을 기본으로 하고 취향에 따라서 조, 수수, 기장, 율무, 깨, 찹쌀, 현맥(통보리) 등을 섞는 것이 좋습니다.

당뇨가 있는 경우 특히 혈당지수(glycemic index)가 낮은 현미 등의 잡곡을 드시는 것이 좋습니다. 또한 알곡의 껍질에는 크롬(chromium)이 함유되어 있어 인슐린이 잘 작용하게 도와주어 혈당을 정상화시킨다. 시중에 나와있는 보리는 껍질을 벗긴 정제보리이며, 통보리는 좋긴 하지만 좀 거칠다.

■ 우유를 마시는 것이 좋습니다.

우유는 논란이 많지만, 확실한 것은 우유가 더 이상 골다공증을 예방하지 않으며 오히려 우유를 많이 먹을 경우 골다공증이 악화된다는 것으로 여러 연구에서 밝혀지고 있습니다. 또한 우유는 소아에서 아토피를 비롯한 알레르기를 유발할 수 있는 식품이고, 위궤양에도 해롭다.

견과류 호두, 아몬드, 땅콩 등은 불포화지방산이 들어있어 심장질환에 도움이 됩니다. 곰팡이가 생긴 땅콩은 발암물질인 아프라톡신으로 간암을 일으킬 수 있으므로 먹지않는 것이 좋다.

■ 콩으로 된 음식이 좋습니다.

콩으로 만든 음식도 모두 해당이 되며, 청국장, 된장, 두부, 콩나물, 두유 등이다. 알려진 콩의 장점은 아래와 같다.
*콜레스테롤을 떨어뜨리고 음주, 비만으로 인한 지방간에 좋습니다.(레시틴 성분)
*혈당을 떨어뜨린다.
*암을 예방합니다.
유방암, 전립선암, 폐암, 백혈병, 피부암, 장암 등을 예방한다.
된장의 경우 집에서 담근 오래 묵은 된장일 수록 항암작용이 강하다고 합니다.
*갱년기 증세를 호전시키며 골다공증에도 좋은 영향을 주는 편이다.
*갱년기 증세를 호전시키며 골다공증에도 좋은 영향을 주는 편이다.
*이소플라본(isoflavon)이라는 항산화 물질이 들어있어 노화를 방지합니다.
*특히 청국장에는 유산균이 많이 있으며 생청국장을 한숟갈씩 먹으면 더욱 좋다.
*콩에는 몸에 필요한 필수아미노산이 모두 들어있다.
*장기능을 정상화기키고 콜레스테롤을 조절해주는 섬유소가 많습니다.

■ 과일과 신선한 야채를 많이 먹는 것이 좋습니다.

신선한 과일과 야채를 매끼 먹는 것은 노화를 방지하고 암을 예방하는 현명한 선택입니다. 과일과 야채는 비타민과 미네랄, 섬유소, 그리고 각종 항산화제의 보고(寶庫)이다. 야채에있는 셀레늄은 항암작용, 항산화작용, 면역증강작용이 있으며 수은, 납, 카드뮴 같은 중금속을 배출시키는 작용을 합니다.

포도, 포도주스, 녹차 등에 많이 들어있는 카테킨, 레스베라트롤 등은 강력한 항산화제이다. 포도는 껍질과 씨까지 같이 먹는것이 좋습니다.

당근과 호박에 들어있는 알파카로틴은 강력한 항산화제입니다.

토마토, 자몽, 수박에 많은 리코펜은 암을(특히 전립선암) 예방한다. 양파, 마늘, 파에 많이 들어있는 알라신이라는 물질은 혈관에 탄력을 주고, 혈압이 조정되고, 혈당 수치가 낮아집니다.

양배추류에 들어있는 인돌과 설포라판은 강력한 항산화제로 암을 강력히 예방합니다.

알로에는 항산화물질이 들어있을 뿐만 아니라 면역기능을 증강시키고 콜레스테롤을 낮춥니다.

쇠비름에는 몸에 좋은 오메가-3가 있어 심장질환 등에 좋다. 브로콜리에는 위암, 위궤양의 원인균인 헬리코박터를 죽이는 설포라페인이 들어있다.

뽕잎은 당뇨병, 고혈압은 물론이고 각종 성인병에 좋으며 중금속을 배출합니다. 야채와 과일은 섬유질이 많아서 장암의 예방에도 도움이 될 뿐만 아니라, 장에 좋은 유산균이 잘 자랄 수 있도록 하고 신체의 면역기능을 올려주며, 식물성 섬유질은 고혈압, 고지혈증, 동맥경화 등에도 도움이 됩니다. 상치, 깻잎, 케일, 브로콜리, 파슬리, 양배추, 배추, 무, 쑥, 당근, 마늘, 깨, 고추, 버섯 등 어떤것이든 다양한 색깔별, 종유별로 다양하게 먹는 것이 좋고 또한 뿌리, 줄기, 잎, 씨 등 모든 부위를 골고루 먹는 것이 좋습니다.

- ■ **해조류를 먹는 것이 좋습니다.**

미역, 김, 다시마, 톳, 파래 등의 해조류는 미네랄과 비타민의 창고이다.

칼슘, 마그네슘, 칼륨 등이 풍부하여 성인병을 예방하고 암을 예방합니다. 칼슘이 많은 음식은 다시마, 미역, 파래, 톳 등 각종 해조류와 멸치, 빙어, 고등어, 꽁치, 연어, 조개류, 마른새우, 깨, 두부, 콩, 야채, 뽕잎, 시금치, 무말랭이, 말린 표고버섯 등입니다. 골다공증 예방을 위해서는 칼슘함유 음식과 더불어 동물성 단백질을 가능한 적게 섭취하고 싱겁게 먹는 것이 좋다.

칼슘섭취시에는 마그네슘도 적절히 먹어야 하며, 마그네슘 성분이 많은 음식은 각종 해조류, 콩, 알곡의 껍질 야채, 과일 등입니다. 철분이 많은 음식은 각종 해조류, 시금치_달걀노른자, 간, 깨, 콩, 멸치, 굴, 녹황색 야채 등이다.

- ■ **생선을 자주 먹는 것이 좋습니다.**

생선에는 풍부한 단백질과 더불어 오메가-3라는 필수지방산이 함유되어 있습니다.

오메가-3 지방산은 DHA EPA 리놀렌산 등이며 뇌 성분에 꼭 필요한 지방산이기도 해서 머리를 좋게 해주며, 나쁜 콜레스테롤(LDL)을 떨어뜨리고 좋은 콜레스테롤(HDL)을 올려 심장질환에 도움이 됩니다. 또한 뇌경색을 예방할 뿐만 아니라 혈관질환 전체에 도움이 되고 혈당조절에도 좋다. 생선을 좋아하지 않는 분은 오메가(omega)-3 앙약도 괜찮습니다. 연어, 고등어, 대구, 갈치 등이다. 소금에 저린 염장 생선은 염분의 함량이 많으므로 다른 반찬을 싱겁게 먹도록 노력한다.

짠 음식은 위암을 유발할 뿐만 아니라 혈압을 올린다. 생선은 일주일에 최소 3회는 먹어주는 것이 좋습니다.

- ■ **흰 소금을 먹지 마라.**

흰 소금에는 NaCL 염화나트륨만 들어 있는데 반해, 천일염(왕소금)에는 Mg등 몸에 이로운 미네랄들이 80여가지나 들어있습니다. 구운소금, 죽염에서는 발암물질인 다이옥신이 검출되었다는 보고가 있으므로 피해야 한다. Ca(칼슘) Mg(마그네슘)은 뼈의 구성에도 중요하지만 우울증에 도움이 되며 혈압을 낮추며 심장기능을 정상적으로 유지시키는 무기질이다. 우리나라는 소금의 섭취량이 많은 편이다.

평균 20g으로 일일 권장치 5g보다 훨씬 많다. 가능하면 싱겁게 드시는 것이 좋습니다. 소금을 섭취하면 위암 등을 유발할 수 있고 혈압이 올라가며 골다공증에도 좋지않다.

■ 기름으로 튀긴 음식은 피해라!

식용유는 가능하면 덜 먹는 것이 좋습니다. 식물성 기름이라 해도 열을 가하거나 정제의 과정을 거치면서 트랜스지방산으로 변한다.

트랜스지방산은 액체상태의 식물성 기름을 고체로 만들 때(수소화 과정) 생성되는 마가린이 대표적이며, 동물성 지방을 고형화시킨 버터도 이에 해당됩니다.

트랜스지방산은 몸에 악영향을 끼치며 비만, 고지혈증 심장병 등 성인병과 직결됩니다. 마가린, 케이크, 튀긴 과자, 쿠키, 감자칩, 값싼 식물성 기름, 튀김류, 피자, 햄버그 등을 피해야 한다. 기름은 자외선에 약하고 또 열에 약한데, 튀김용으로 열을 가하면 변질이 되어 발암물질, 트랜스지방산이 많이 생성됩니다.

모든 기름은 열을 가하지 말고 그냥 먹는 것이 좋고, 더 좋은 것은 원 물질을 그냥 먹는 것이다. 들기름은 오메가-3가 가장 많이 들어있는(58%) 기름이다. 올리브기름은 심장에 좋은 단일불포화지방산이 많이 들어있습니다.

기름의 보관은 공기와의 접촉을 피하는 것이 좋은데 마개를 단단히 막는 것이 좋고 또한 냉장실에 보관하는 것이 변성을 막을 수 있다(약간 얼은 듯 보여도 괜찮습니다). 올리브기름은 'EXTRA VIRGIN'라고 쓰여있고 냉동압착한 것이 좋다.

■ 고기는 적당히 먹어라.

소고기, 돼지고기 등 동물성 고기에는 단백질(필수아미노산)이 많이 들어있어 어느정도는 섭취를 해야합니다.

그러나 거기에 들어있는 기름기는 우리몸에 좋지않은 포화지방산으로서 많이 먹었을 때 비만과 혈압, 당요 등 성인병을 유발할 수 있으며, 기존의 그러한 병을 악화시킵니다. 야생상태에서는 동물성 고기에 5%미만의 지방이 있었으나, 요즘 사육하는 동물의 살코기에는 25~40%까지의 지방이 함유되어 있습니다.

콩과 생선을 열심히 드시는 분은 그것만으로도 필수아미노산이 다 섭취가 가능하므로 고기를 안먹어도 괜찮으나, 고기를 너무 좋아하시는 분은 1주일에 한번정도 고기를 드시도록 권해드리고 또한 껍질과 흰색지방부분은 제거하고 드시는 것이 좋겠습니다. 이때 야채를 듬뿍 같이 드시는 것이 좋다. 붉은 살코기(소고기, 돼지고기)보다는 흰 살코기(닭, 오리 등)가 더 좋다.

■ 면 종류는 먹지마라.

빵, 국수, 라면, 과장 등이 해당됩니다. 밀은 주로 수입에 의존하며, 살충제, 방부제, 표백제 등이 미량이지만 함유되어 있다. 이러한 이유로 밀가루는 알레르기를 유발하며, 아이들에게 아토피를 유발하는 대표적인 음식입니다. 또한 영양분이 제거된 정제된 알곡이다. 밀가루 음식을 먹고싶으면 우리 밀, 통밀, 거친 밀 등의 표시가 있는 것이 좋겠습니다.

■ 흰 설탕을 먹지마라.

아이스크림, 타난음료, 과자, 초콜릿 등이다. 흰설탕은 급격히 당을 올리면서 저혈당을 유발하며, 인슐린 분비를 촉진시켜 당뇨를 유발할 수 있으며, 면역기능도 저하시킨다.

200cc 캔음료 하나에 각설탕 12개가 들어있다. 단 것을 원한다면 꿀, 검은 설탕, 올리고당이 좋습니다. 올리고당은 장에서 좋은 세균(유산균)을 잘 자라게 해주고 흡수되는 열량도 미량입니다. 당뇨가 있으면 감리요인 아스파탐이 좋다. 칼로리가 없다고 하는 콜라 등 탄산음료에는 아스파탐이 들어있는데, 너무 많이 마시는 경우 현기, 불안, 두통, 신경장애 증상 등 좋지 않다.

제8장 암 예방 음식

★ 약이 되는 암 예방음식 ★

1. 현미

암을 물리칠 수 있는 가장 대표적이고 기본적인 음식은 우리주변에서 쉽게 찾아 섭취할 수 있는 것이 바로 현미와 콩밥입니다.

예로부터 쌀밥은 우리 식단의 대표적인 주식인데, 열량이 50~90%에 달한다. 최근 「항암연구」잡지가 쌀에 대한 특별부록에서 쌀겨(미강)와 쌀눈에 항암물질이 많다고 소개했습니다.

과거 가난한 시대에 살았던 한국인들의 주식은 보리, 수수, 기장, 조 등을 섞은 잡곡밥이나 죽을 많이 먹어왔다. 이것이 한이 되었는지는 모르겠지만 백미를 사용한 하얀 쌀밥을 매우 좋아하는 것 같습니다.

그러나 보기에 좋은 백미쌀밥은 항암물질이 함유되어 있는 미강과 쌀눈이 떨어져 나가서 없다. 그렇기 때문에 여러번 도정하지 않고 왕겨만 벗겨낸 현미를 섭취해야 됩니다.

백미와 현미의 영양가를 비교해보면 모두 75~76%의 당질을 함유하고 있지만, 지방은 현미가 백미보다 2배, 섬유소는 17배, 비타민 B1과 B2는 3배, 비타민E 역시 4배가 많습니다.

그 이유는 현미는 쌀눈과 식이섬유소를 비롯해 미강 안에 여러가지 생리성물질과 비타민E, 훼루익산, 피터산, 이노시톨, 식물스테롤, 감마오리자놀 등이 함유되어 있습니다. 그래서 암 예방, 혈관질환 예방, 당요 및 간질환 예방에도 효과가 있는 것이다.

우리가 보편적으로 알고 있는 현미밥은 입 안에서 거칠기때문에 사람들이 싫어하고 소화가 잘 안되는 것으로 인식되어 왔습니다.

　이것은 잘못된 상식인데, 현미와 같은 통곡식은 위나 장의 운동을 항진시켜준다. 더구나 통곡식의 영양분은 손상된 위 점막 세포를 복구해 주거나 위와 장의 기능까지 회복시켜 주는 역할을 합니다.

　콩은 예로부터 오곡중의 하나이며, 우리의 주식으로 애용되어 왔다.
　콩에는 41%라는 단백질이 함유되어 있기때문에 밭에서 나는 고기로 애칭되고 있습니다.
　콩 속에 함유되어 있는 이소플라본은 식물 에스트로겐인데, 이것은 여성의 유방암, 골다공증과 남성의 전립선 비대와 암 예방에 효능이 있다. 이밖에 페놀성분, 사포닌, 트립신저해제, 피틴산성분 등도 마찬가지 입니다.
　특히 검은콩은 약효작용이 뛰어나기 때문에 예로부터 한약제로 널리 사용되어 왔습니다. 검은콩의 과피엔 검푸른 색의 안토시아닌이란 성분이 함유되어 있는데, 이것은 항산화와 항노화에 효과가 있으며, 최근들어 항암효과와 다이어트에 효과가 있다는 보고서도 있다.

　따라서, 현미에 검은콩을 넣은 현미콩밥은 탁월한 암 예빙기능을 갖습니다.
　또한 쌀에는 부족한 필수아미노산중의 하나인 리신과 트립토판이 많이 들어있고, 이와 반대로 콩에 부족한 필수아미노산중의 하나인 메티오닌과 시스테인 등이 쌀에 많이 들어 있습니다.
　그렇게 때문에 콩과 현미를 섞은 현미콩밥은 서로 보완작용을 하기 때문에 건강식으로 인기가 매우 좋다. 그래서 암의 예방과 치료에 도움이 되는 주식으로 널리 애용되고 있는 것입니다.
　현미밥 즐기기

1) 너무 오래 보관하지 않습니다.

　현미는 쌀의 자연상태를 최대한 유지시킨 것. 그런 만큼 오래 보관하면 부패하기도 쉽다. 일반 백미보다 유통기한이 훨씬 짧다는 것을 명심할 것. 소량으로 구입해 짧은 기간동안 먹는 것이 좋습니다.

2) 현미의 비율을 조금씩 늘려간다.

처음부터 현미만으로 밥을 지으면 적응하기 어렵습니다.

기존의 백미에 현미를 섞는데, 비율을 조금씩 늘려가는 것이 무난한 방법.

처음에는 현미와 백미의 비율을 1:3정도로 해서 지어먹다가 점차 익숙해지면 현미 : 현미찹쌀 : 잡곡을 2 : 1 : 1로 섞는 것이 좋습니다.

3) 물에 오래 불려야 합니다.

부드럽고 맛있는 밥을 지으려면 불리는 과정은 필수.

불에 닿기전, 쌀에 수분이 고루 스며 전분이 충분히 소화될 수 있도록 도와준다. 특히 현미는 물을 더디게 흡수하므로 충분히 불리는 것이 중요합니다. 밥 짓기 3~4시간 전에 현미를 씻어 1시간 정도 물에 담가 불린 다음 체에 받쳐 2시간 정도 더 불린다.

4) 물을 충분히 부어야 합니다.

현미밥은 거칠거칠한 질감때문에 먹기 힘든 경우가 많다.

물을 많이 넣어 밥을 지으면 밥이 물러져서 먹기가 수월해집니다. 가장 적당한 물의 비율은 1 : 1 : 4정도.

5) 현미와 찹쌀을 함께 섞어 먹어라.

현미 특유의 푸석거림이 싫다면 찹쌀을 함께 섞어봅시다.

찹쌀을 섞어서 밥을 지으면 질감이 훨씬 촉촉해져 씹는 맛이 살아납니다.

6) 현미를 씻을땐 손가락으로 씻어라.

현미 혹은 발아현미의 영양이 집중된 곳은 쌀눈, 쌀을 씻을때 쌀눈이 떨어져 나가지 않도록 손가락을 갈퀴모양으로 해서 물과 함께 한방향으로 저어줍니다.

7) 현미를 씻을땐 물을 빨리 버려라.

현미를 일어낸 첫물은 쌀겨냄새가 배어있다. 냄새가 밴 물이 현미에 흡수되지 않도록 슬쩍슬쩍 뒤척인 후 빨리 물을 따라버립니다. 그 후에도 물을 넣고 2~3번 정도 쌀을 씻는데 이 과정에서 과도하게 힘을 주고 문지르면 쌀알이 부서지고 표면에 있는 고소한 맛성분이 빠져나가 밥이 심심해집니다.

8) 소금을 넣어라.

물에 불린 현미쌀을 불에 올리기 전에 소금을 약간 넣는다. 현미 쌀 1컵에 1g의 천일염이 적당, 소금을 첨가하면 현미의 생명력과 치유력이 높아집니다.

콩, 조와 같은 잡곡과 섞어 먹는 것이 좋습니다. 가장 이상적인 현미잡곡밥은 현미 50%, 현미찹쌀 10%, 차조와 차수수·통밀·통보리·율무·기장중 3가지 이상을 섞은 것 30%정도, 여기에 팥과 콩을 10%정도 섞어서 지은것이라면 더 효과가 있다.

9) 전기밥솥은 밥이 다된 후 버튼을 한번 더 누릅니다.

전기밥솥으로 밥을 했을때 밥이 다된 후 취사버튼을 다시 누르면 밥솥주변의 습기가 사라지고 밥이 더 차진다. 오래된 전기밥솥을 사용하는 경우 활용하면 효과를 확실하게 볼 수 있습니다.

■ 암을 이기는 한국인들의 보약음식 만들기

◎ 압력밥솥으로 현미밥 만들기

암을 이기는 보약음식 궁합재료
  발아현미, 물

① 발아현미를 식구 수에 맞게 계량컵으로 계량한다(1컵=1인분)
② 물을 붓고 쌀눈이 떨어지지 않게 살살 저은 뒤, 물을 버리고 새로 물을 부어 다시 깨끗이 헹군다.
③ 솥에 발아현미를 담고 그 양에 맞게 활성현미에 물을 눈금까지 물을 채웁니다. 활성현미 메뉴는 취사시간이 약 3시간정도 걸리므로 밥 먹을 시간을 계산해서 미리 준비한다.
④ 열판의 물기 및 이물질을 제거한 후 솥을 밥솥에 넣고 뚜껑을 닫습니다.
⑤ 메뉴의 활성현미 모드를 선택하여 취사한다.

※ 알아야 할 요리 point

압력밥솥의 경우 보통 현미밥을 지을 때처럼 현미를 불리지 않고 현미를 그대로 사용해도 고슬고슬한 밥을 지을 수 있는 것이 장점입니다. 먹어보면 발아현미의 싹이 그대로 살아있고 일반적으로 거칠거칠하다고 생각하는 현미밥의 이미지와는 다르게 고슬고슬하고 맛이 좋았다. 또한 쌀알이 한알한알 익은 듯한 차진 맛을 느낄 수 있어 처음 먹는 사람도 부담없이 먹을 수 있을 듯 합니다.

◎ 일반 전기밥솥으로 현미밥 만들기

현미밥 기능이 따로 내장되어 있지 않은 일반밥솥으로 현미밥을 할 경우 일단 현미를 충분히 불리는 것이 현미밥 맛을 좌우하는 열쇠. 현미 외에 잡곡밥또는 일반 백미로 밥을 할때에도 물에 씻어 불린 후 취사버튼을 눌러야 차지고 구수한 밥맛을 제대로 느낄 수 있습니다.

① 발아현미를 식구 수에 맞게 계량합니다
② 물을 붓고 쌀눈이 떨어지지 않게 살살 저은 뒤, 물을 버리고 새로 물을 부어 다시 깨끗이 헹군다.
③ 발아현미의 1.5배 가량의 물을 넣고 3시간 정도 불립니다.
④ 솥에 불린 발아현미를 담고 현미밥과 같은 양의 물을 붓는다.
⑤뚜껑을 닫고 취사버튼을 누릅니다.

※ 알아야 할 요리 point

일반 점기밥솥에 할 경우 충분히 불린 다음 사용해야 현미밥이 까슬까슬하지 않고 부드러워진다. 따라서 현미를 충분히 불린 후 조리하는 것이 포인트입니다.

현미밥에 견과류를 섞어 먹거나 죽으로 만들어 먹기
현미밥에 견과류를 넣어 만든 주먹밥은 다양한 영양소를 섭취할 수 있는 간편식, 또 마르고 딱딱해진 현미밥은 죽으로 만들어 채소 샐러드와 함께 먹습니다.

◎ 돌솥으로 현미밥 만들기

직화로 조리하는 돌솥 역시 일반 밥솥처럼 현미를 충분히 불려야 제 맛이 납니다. 또 돌솥 뚜껑이 솥에 완전히 밀착되지 않으면 압력이 덜하게 돼 밥맛이 떨어지지만 뚜껑이 제대로 닫혔을 때는 구수한 맛이 일품입니다. 마지막에 눌어붙은 누룽지 또한 별미 입니다.

① 발아현미를 계량한 다음 물을 붓소 쌀눈이 떨어지지 않게 조심조심 저은 뒤, 물을 버리고 새로 물을 부어 다시 깨끗이 헹군다.
② 발아현미에 물을 넣고 3시간정도 물립니다.
③ 돌솥에 불린 발아현미를 담고 밥량의 1.5배정도의 물을 붓습니다.
④ 뚜껑을 닫고 돌솥을 달구기 위해 센 불을 가열하다가 넘칠 때쯤 중불이나 약불로 줄입니다.
⑤ 5분정도 지나 물이 잦아들기 시작하면 최대한 약불로 줄여 뜸을 들입니다.

돌솥으로 밥을 할 경우 뚜껑이 솥에 정확히 밀착되지 않으면 수증기가 쉽게 날아가고, 중간에 끓어서 넘치는 경우도 있으므로 밥물의 양은 약간 많이 잡는 것이 좋다. 먹어보면 우선 밥물을 맞추기도 힘들고 또한 밥이 익을때까지 신경을 써야하니, 여간 까다로운 것이 아닙니다.

특히, 발아현미의 경우 싹을 틔우기 위해서는 적정한 온도가 유지되어야 함인데 돌솥 특유의 구수함과 오랫동안 따뜻함을 유지한다는 점은 있지만, 발아현미밥의 맛을 제대로 느낄 수는 없습니다.

콩의 발효과정에서 항암물질이 증가합니다.

2. 된장

우리 식탁의 메인메뉴는 바로 된장국이나 된장찌개인데, 이것은 암 예방식품으로 으뜸이다. 옛날부터 된장은 해독이나 해열에 널리 이용되어 왔는데, 민간약은 독벌레나 벌에 쏘였거나 뱀에 물렸을때 독을 풀어주고 화상과 상처도 치료했습니다.

콩 자체에 항암성분이 들어있지만, 발효과정을 거쳐 만들어진 된장에 항암물질이 더 많이 들어있다. 콩에는 제니스틴이 많이 들어있는데, 발효가 되면서 제니스틴, 다시말해 제니스틴 분자에서 당이 떨어지면 아글리콘이란 화학물질로 변합니다.

제니스테인은 식물 에스트로겐인데, 골다공증과 폐경기증후군 예방를 비롯해 유방암, 전립선암, 폐당 등을 예방해줍니다.

더구나 암의 초기단계, 진행단계 등에도 예방효과가 있습니다.

또한 콩에는 17%의 지방이 들어있기 때문에 발효과정에서 유리지방산인 니로레산이 생성되는데, 이 물질은 암 예방과 항암효과를 증진시켜준다. 더구나 된장 발효중에 생성되는 갈색 색소 역시 발암물질을 제거해 주는 효과가 있습니다.

콩에는 40%의 단백질이 있는데, 이 단백질은 발효가 되면서 분해되어 펩타이드이란 아미노산이 생성됩니다. 이 물질은 항산화효과와 암 예방을 비롯해 항암효과에 매우 좋다. 발효의 주균인 바실러스균도 발효과정에서 색소 항암물질을 만들어 낸다.

이밖에 콩에 들어있는 트립신인히비터, 비타민E, 레시틴, 피티산, 콩사포닌, 베타시토스테롤 등도 암 예방 효능이 있습니다.

된장으로 된 요리는 해마다 명절 끝엔 기름진 명절음식과 과식으로 소화불량을 호소하는 사람들이 많다. 이때 속을 다스리는데 효과적인 음식은 바로 된장이다. 된장은 식이섬유가 풍부해 장의 연동운동을 촉진하고 장의 유해균 등 갖가지 독소를 제거해 주기 때문입니다. 이 뿐만 아니라 된장은 항암효과에다 피를 맑게 해 고혈압, 동맥경화 등의 혈관질환 예방에도 도움이 된다. 또 변비 개선과 다이어트에도 효과적 입니다.

- **■ 암을 이기는 한국인들의 보약음식 만들기**

◎ 된장 돈가스

암을 이기는 보약음식과 궁합재료

돼지고기 안심 400g, 양배추 1/4개, 오이.당근 반개씩, 붉은 양배추잎 3장, 치커리 조금, 식용유 2컵, 된장 2큰술, 물엿 1큰술

① 돼지고기는 돈가스용으로 준비, 앞뒤로 칼집을 잘게 넣습니다.
② 여기에 양파즙 5큰술, 청주 2큰술, 소금, 후춧가루를 뿌려 밑간을 한다.
③ 된장 2큰술에다 물엿 1큰술을 섞은 후 양념한 돼지고기에 발라 잠시 그대로 둡니다.
④ 된장 바른 돈가스에 밀가루, 달걀물, 빵가루 순으로 튀김옷을 입힌다.
⑤ 끓는 기름에 튀김옷을 입힌 돈가스를 넣어 바삭하게 튀긴 후 건져 기름기를 뺍니다.
⑥ 튀긴 돈가스를 먹기좋은 크기로 썰어 접시에 담고 손질한 야채를 곁들인 후 된장소스를 듬뿍 끼얹습니다.
⑦ 된장소스는 된장 2큰술에다 토마토케첩 5큰술, 설탕 1작은술, 물 1/4컵을 섞으면 됩니다.

◎ 버섯된장 리소토

암을 이기는 보약음식의 궁합재료

쌀 2컵, 느타리버섯 60g, 양송이버섯 3개, 표고버섯 2개, 양파 1개, 실파 3뿌리, 된장 2큰술, 버터 1큰술, 생크림 4큰술, 물 5컵, 소금 조금

① 쌀은 뿌연 물이 나오지 않을때까지 여러번 씻은 다음 30분정도 불립니다.
② 느타리버섯은 가닥가닥 분리하고 양송이버섯은 껍질을 벗겨 세로로 저며 썰고, 표고버섯은 기둥을 뗀 후 갓만 저민다. 양파는 씻어서 잘게 다지고 실파는 다듬어 씻은 다음 썰어둔다.
③ 달군 팬에 버터를 두르고 손질한 양파를 넣어 볶습니다.
④ 씻어놓은 쌀을 3에 넣어 투명해지도록 볶다가 된장과 생크림을 넣어 섞는다.
⑤ 된장이 고루 풀리고 밥알이 익기시작하면 물을 붓고 은근히 끓입니다. 밥이 눌지 않도록 저어가며 끓인다.

⑥ 밥알이 부드럽게 익으면 소금으로 간을 맞춘 후 불에서 내려 그릇에 담습니다. 송송 썬 실파, 저민 표고버섯을 조금 얹으면 좋습니다.

색깔이 진할수록 암과 만성질환 예방에 좋다.

산성식품을 중화시켜 알칼리성 식품 대용으로 쓰입니다.

3. 녹황색 채소

채소나 과일의 색깔을 살펴보면 일반적으로 토마토, 수박, 딸기는 빨간색이고, 당근, 감, 오렌지, 귤, 복숭아는 주황색이고, 오이, 시금치, 근대, 아욱, 깻잎, 브로콜리, 양배추는 초록색이고, 양파, 무, 배, 버섯은 흰색이고, 포도, 가지, 블루베리는 검은색체를 띠고 있다.

녹황색 채소의 대표적인 효능은 담배로 인한 폐암발생을 억제하거나 예방해준다. 다시말해 우리 식탁에서 쉽게 먹을 수 있는 30여가지의 채소류에는 항돌연변이나 항암효과가 있습니다.

한마디로 채소에 함유되어 있는 식물화합물은 암을 비롯해 여러가지 만성질환을 예방해 주는 효능이 있는데, 녹황색이나 황색이 진한 채소일수록 효과가 좋다고 합니다.

황색을 나타내는 카로티노이드 색소는 당근의 베타카로틴, 시금치의 루테인, 토마토의 라이코펜 등이 함유되어 있습니다.

카로티노이드의 효능은 항산화작용으로 암을 예방하고 이와 함께 시각과 관련된 기능을 담당하고 있는 비타민A의 전구체이기도 합니다.

케일, 브로콜리 등에는 글루코스이놀레이트가 많이 함유되어 있습니다. 이것은 가수분해되어 생리활동이 높은 이소티오시아네이트, 인돌화합물 등으로 만들어져 항산화작용과 항돌연변이, 항발암 등에 좋습니다. 이밖에 페놀성분인 에러직산은 여러가지 발암과정에서 암으로의 진행을 억제해준다.

브로콜리에 들어있는 설파라판은 발암물질을 제거해주는 제2상 효소를 활성화시켜 발암물질이 침입해도 간에서 분해 제거시킵니다.

녹황색 채소에는 비타민C, E, 엽산, 셀레늄 등의 무기질도 많아 산성식품을 중화시켜 알칼리성 식품 대용으로 쓰입니다.
  녹황색 채소 종류는 시금치, 풋고추, 부추, 쑥갓, 상추, 깻잎, 근대, 아욱, 피망, 늙은 호박, 당근 등이 있습니다.
  암을 이기는 한국인들의 보약음식 만들기

◎ 불고기 샐러드

  암을 이기는 보약음식의 궁합재료
  쇠고기, 양념장(간장, 설탕, 마늘, 후춧가루, 참기름), 상추, 치커리, 양파, 오이, 참나물, 간장쏘스(간장, 식초, 레몬즙, 양파, 설탕, 참기름, 후춧가루)
  ① 준비란 재료를 섞어 양념장을 만듭니다.
  ② 쇠고기를 썰어 양념장에 무친다.
  ③ 상추, 치커리는 씻어 뜯습니다.
  ④ 양파는 채 썰어 찬물에 헹구어 매운맛을 빼 건진다.
  ⑤ 참나물은 줄기를 잘라내고 얇게 씻습니다.
  ⑥ 오이는 반으로 갈라서 얇게 썹니다.
  ⑦ 고기를 한장씩 펴서 달구어진 팬에 굽습니다.

◎ 닭고기 샐러드
  암을 이기는 보약음식 궁합재료
  닭가슴살, 대파, 마늘, 생강, 양상추, 오이, 샐러리, 계란, 양파, 마요네즈, 설탕, 소금

  암을 이기는 보약음식 만들기
  ① 닭살은 끓는 물에 대파, 마늘, 생강을 넣고 삶아서 잘게 찢습니다.
  ② 오이와 샐러리는 손가락 길이로 채를 썬다.
  ③ 양파는 채 썰어 소금에 절인 후 물에 헹궈 꼭 짠다.
  ④ 달걀은 삶아서 흰자는 채 썰고, 노른자는 고운 가루로 만듭니다.
  ⑤ 볼에 재료를 넣고 마요네즈, 소금, 후춧가루를 넣고 버무린다.
  ⑥ 그릇에 양상추를 깔고, 버무린 샐러드를 담은 뒤 달걀노른자 가루를 뿌립니다.

◎ 과일 샐러드

암을 이기는 보약음식의 궁합재료
사과, 오렌지, 키위, 바나나, 딸기, 마요네즈, 설탕, 생크림
① 사과, 오렌지, 키위, 바나나를 알맞은 크기로 썹니다.
② 딸기는 꼭지를 떼고 반으로 자른다.
③ 마요네즈와 생크림, 설탕을 고루 섞어 소스를 만든다.
④ 접시에 재료를 섞어서 담고 소스를 얹습니다.

암세포의 증식을 억제합니다

4. 포도

포도씨와 껍질에 발암 차단물질인 레스베라트롤이 풍부하게 들어있습니다.
적포도주에는 수많은 생리활성 증진성분들이 포함되어 있는데, 이중에서 레스베라트롤이란 물질이 강력한 항산화와 암 예방에 효능이 있다. 레스베라트롤은 오디와 땅콩을 비롯해 많은 식물에서 발견되고 있습니다.
레스베라트롤은 포도껍질에 100g당 5~10mg이 들어있다.

1997년 미국 시카고대학의 연구팀에서 레스베라트롤라가 암 예방과 항암작용을 한다고 최초로 발표했습니다. 실험에서 레스베라트롤이 발암 3단계인 개시, 촉진 및 진행 단계 모두를 차단하는 강력한 발암작용이 있다는 것을 보여주었다. 이것은 포도의 강력한 항산화 작용과도 관계가 있습니다.
레스베라트롤의 암 예방효능을 보면 발암 원인이 되는 유해한 물질의 독성을 완화시켜 유전자 변형을 막아주고, 개시에서 진행의 단계로 접어든 비정상 세포들의 증식을 강하게 억제해줍니다.

최근 연구발표에 따르면 유방암, 전립선암, 대장암, 폐암 등을 비롯한 수많은 암세포

에 레스베라트롤을 투입하면 세포자살을 촉진시키는 유전자들의 활성화가 되면서 암세포의 증식을 억제한다는 것입니다.

포도에 함유된 레스베라트롤은 암 과정의 개시, 촉진, 진행과 연관된 것들을 효과적으로 차단하기 때문에 화학적 암예방에 효과가 있다는 것이 증명되었습니다. 그래서 암의 발생을 조절할 수 있는 최고의 화학적 암 예방 물질로 꼽히고 있다.

암을 이기는 한국인들의 보약음식 만들기

◎ 포도주스

암을 이기는 보약음식의 궁합재료
포도 500g(캠벨, 얼리계통의 흑생포도), 사과 1개, 꿀 2큰술, 레몬 1/2개
① 포도는 싱싱한 것을 골라 알알이 떼어 물에 깨끗이 씻습니다.
② 사과는 껍질을 벗기고 6등분으로 썬다.
③ 레몬은 껍질을 벗긴 후 4등분으로 썬다.
④ 한꺼번에 1,2,3을 주서에 넣고 알맞에 갑니다. 포도씨를 배지않고 갈때는 주서의 칼날이 손상되지 않도록 주의한다.
⑤ 식성에 따라 얼음이나 물, 그밖의 첨가물을 넣이 마셔도 좋습니다.

◎ 포도녹말스프

암을 이기는 보약음식 궁합재료
포도즙 반컵, 물 3컵, 설탕 3큰술, 녹말물 적당량, 소금 소량
포도급과 설탕물을 섞어 냄비에 넣고 끓이다가 녹말물을 넣어 약간 되직하게 한 다음 소금을 넣어 간을합니다.

◎ 포도식초

암을 이기는 보약음식 궁합재료
포도(거봉종류), 소주

① 포도는 싱싱한 것을 골라 알알이 떼어 물에 깨끗이 씻습니다.
② 포도를 믹서에 넣고 간다.

③ 항아리에 ②와 소주를 붓고 포도주처럼 3개월동안 발효시킨다.
④ ③을 체로 거른 뒤 항아리에 담아 9개월동안 발효시킵니다. 이때 항아리 입구를 망사로 씌우고 뚜껑을 열어둔다.
⑤ 체로 걸러 살균처리합니다.

◎ 포도에이드

암을 이기는 보약음식의 궁합재료
포도 400g(캠벨, 얼리계통의 흑색포도), 설탕 5큰술, 얼음물 4컵
① 포도는 싱싱한 것을 골라 알알이 떼어 물에 깨끗이 씻습니다.
② 포도와 준비한 설탕, 얼음물 등을 믹서에 넣고 2~3분 간다.
③ ②를 체로 걸러 찌꺼기를 제거한 다음 마신다.

◎ 포도크레이프

■ 암을 이기는 보약음식의 궁합재료

포도즙 1컵, 설탕 5큰술, 밀가루 2컵, 우유 1컵, 버터 녹인것 4큰술, 달걀 4개, 소금 소량
① 포도즙과 설탕을 끓여 시럽을 만듭니다.
② 넓은 볼에 달걀, 우유, 버터 녹인것, 소금을 넣고 잘 섞은 뒤 밀가루를 넣어 묽고 고운 반죽을 한 다음, 기름칠한 팬에서 얇은 밀전병을 부친다.
③ 접시에 밀전병을 1/4로 접어 2~3장 겹쳐서 담은 뒤 포도시럽을 끼얹어 냅니다.

◎ 포도쉐이크(우유음료)

암을 이기는 보약음식의 궁합재료
포도즙 1컵, 물 1컵, 설탕 2큰술, 아이스크림 1컵, 얼음 적당량
모든 재료를 믹서에 넣어 간 뒤, 차게 식힌 유리잔에 담아냅니다.

◎ 포도셔벗(얼음과자)

■ 암을 이기는 보약음식의 궁합재료

포도즙 1컵, 물 2컵, 꿀 6큰술, 달걀흰자 1개
① 달걀흰자는 거품기로 흐르지 않을 정도로 거품을 냅니다.
② 넓은 볼에 포도즙과 물, 꿀을 넣어 거품기로 섞어주고, 흰자거품을 넣어 다시한번 섞어준 뒤, 냉동실에 얼린다.(얼리는 도중 여러번 섞어주면 부드럽게 업니다)

◎ 포도요리의 기본이 되는 포도즙 만들기

■ 암을 이기는 보약음식의 궁합재료
포도 4kg, 물 1리터
① 포도를 알알이 따서 깨끗이 씻은 다음 물기를 뺍니다.
② 씻은 포도를 밑이 넓은 냄비에 담은 뒤 불을 켜고 감자 으깨는 기구나 컵 밑면을 이용해 눌러 대충 터뜨려줍니다.
③ 포도가 끓기 시작하면 물을 넣고 5~10분간 더 끓여 충분히 물러 터지게 한 뒤 체에 놓고 국물을 내리면 됩니다.

김치발효에서 생성되는 유산균은 대장암 예방에 단연 으뜸입니다.

5. 김치

배추는 김치의 주재료로서 우리의 구미를 돋우고, 저장할 수 있어서 사철동안 맛을 볼 수 있는 식품입니다.

배추는 장기간 저장해도 영양손실이 거의 없어 싱싱한 자연식으로 섭취할 수 있고, 섬유질이 많아 변비를 예방한다. 배추의 성분은 수분이 대부분이고 단백질, 지방, 탄수화물, 칼슘, 인 등과 비타민A, B1, B2, C가 풍부하여 소화를 돕습니다.

김치는 배추가 주원료이지만 마늘, 생강, 파, 무, 고추 등의 항암식품들이 첨가되어 만들어지는 것입니다. 다시 말해 김치에 사용되는 모든 재료가 항암식품인데, 김치가 숙성되는 과정에서 나타나는 유산균 발효로 김칫국물 1㎖당 약 1억마리의 유산균이 들어있으며, 이와함께 항암발효물질들이 동시에 생성됩니다.

　암 예방에 가장 효과적인 김치는 적당하게 익었을때인데, 김치 유산균들은 대장까지 내려가 작용을 하기 때문에 대장암 예방에 특히 좋습니다. 예를 들면 식단이 서구화로 변화하기 전에 주 반찬으로 김치를 즐겨 먹은 시기의 한국인의 병력을 살펴보면 대장암 발생이 극히 적습니다.

　김치가 암 예방에 효과가 있다는 것은 아메스 실험, SOS실험, 세포 발암계 실험, 초파리 실험, 쥐를 이용한 항암실험과 암세포 전이실험 등으로 증명되었습니다.

　김치에 함유되어 있는 항암물질은 배추에서 유래된 이소티오시아네트, 인돌 3-카비놀, 베타시토스테롤, 비타민C 등이고, 그밖에는 항황화합물 카로티노이드, 후라보노이드, 비타민E, 셀레늄, 식이섬유소, 불포화지방산, 유산균 등이 있습니다.

　그렇지만 김치를 어떻게 만드느냐에 따라서 암예방효과가 극대화될 수 있습니다.

　예를 들면 소금은 정제염보다 간수를 뺀 천일염이 좋지만, 이것보다 구운 소금, 죽염(1회)으로 김치를 담그면 효과가 더 좋습니다.

　항암효과를 높이려면 일반 배추보다 유기농 배추가 좋고, 겨우살이 추출물 등으로 양념에 첨가해 5℃의 저온에서 발효시키면 효과적입니다.

　암을 이기는 한국인들의 보약음식 만들기

◎ 김치잡채

■ 암을 이기는 보약음식의 궁합재료

김치 5줄기, 돼지고기 100g, 당근 50g, 양파 1/2개, 잔파 5뿌리, 느타리버섯 3송이, 간장, 잘다진마늘 1작은술, 깨소금, 소금, 후추, 식용유, 참기름, 실고추

① 김치는 줄기부분으로만 물에 헹구어 씻습니다.
② 돼지고기는 살코기 부분으로 결대로 넓게 포를 뜬 후 채 썬다.
③ 돼지고기 채에 간장, 다진마늘, 후추, 깨소금을 넣어 양념을 한다.
④ 당근·양파는 채 썰고, 잔파는 5~6㎝길이로 썹니다.
⑤ 느타리버섯은 끓는 물에 살짝 데쳐 씻은 후, 물기를 짠 다음 가늘게 찢어 놓습니다.
⑥ 오목한 팬에 기름을 넣고 양념한 돼지고기를 볶다가 고기가 익었으면 양파, 당근을 넣어 볶습니다.
⑦ ⑥에 느타리버섯, 김치를 넣어 볶다가 잔파를 넣고 소금, 후추를 넣어 간을 맞춤니다.

◎ 김치수제비

■ 암을 이기는 보약음식의 궁합재료

김치 200g, 감자 1개, 양파 1/2개, 풋고추 2개, 대파 1뿌리, 멸치 20g, 다시마 (10㎝) 2토막, 다진마늘 1큰술, 국간장, 약간 밀가루 3컵, 달걀 1개, 식용유 1작은술, 물, 소금 약간, 간장 3큰술, 잘게다진 파, 마늘 약간씩, 깨소금 1큰술, 고춧가루, 참기름 약간

① 멸치와 다시마로 맑은 장국을 만듭니다.
(냄비에 물을 붓고 멸치, 다시마를 넣어 끓기 시작하면 7~8분 정도 끓인 후, 불을 끄고 20분쯤 두었다가 체에 걸러 장국을 만든다.)
② 김치는 속을 털어낸 후 물기를 짠 다음 송송 썰어놓습니다.
③ 감자, 양파는 껍질을 벗긴 후 한입 먹기 좋게 썰고, 풋고추와 대파는 같은 크기로 어슷 썰기한다. 풋고추는 찬물에 헹궈 씨를 털어놓습니다..
④ 밀가루에 달걀, 식용유, 소금, 물을 넣고 날가루가 없을정도로 적당히 치댄 후 비닐봉지나 랩에 싸서 냉장고에 넣어둡니다.
⑤ 장국에 김치를 넣고 끓인 후 야채를 넣고 끓이디가 미리 냉장고에 넣어두었던 반죽을 꺼내 수제비를 하나씩 떼서 넣는다. 이때 손에 물 문혀가면서 반죽을 얇게 펴 넣어야 맛있습니다. 수제비를 떼 넣은 다음 풋고추와 대파, 다진마늘을 넣고 국간장으로 간을 맞춘다.
⑥ 간장에 고춧가루, 다진파, 다진마늘, 깨소금, 참기름을 넣어 양념장을 만들어 수제비에 곁들여 식성에 맞게 간을 맞춰 먹습니다.

◎ 김치돈까스

■ 암을 이기는 보약음식 궁합재료

배추김치 200g, 돼지고기 등심 500g, 계란 2개, 깻잎 20장, 양파 1개, 밀가루, 빵가루, 소금, 후추, 식용유, 꼬쟁이

① 돼지고기 등심은 1㎝정도 두께로 썰어 한쪽 끝을 붙여놓고 반을 갈라 칼끝으로 힘줄을 끊어주고 살짝 두드려 소금, 후추를 뿌린다.
② 김치와 양파는 곱게 다져 식용유를 두르고 볶아내어 서로 잘 엉기도록 계란을 버

무린다.

③ 손질한 돼지고기에 밀가루를 솔솔 뿌린 후 깻잎을 놓고 볶은 김치를 올린 후, 반으로 접어 꼬챙이로 꽤어 밀가루, 계란물, 빵가루 순으로 묻혀 170℃의 식용유에서 노릇하게 튀겨낸다(튀김기름에 약간의 돼지기름을 넣으면 훨씬 구수한 맛이 납니다.)

◎ 김치튀김밥

암을 이기는 보약음식의 궁합재료

배추김치 1포기, 밥 4공기, 깨소금 1큰술, 참기름 1큰술, 소금 약간, 밀가루, 계란, 빵가루, 식용유

① 김치는 소를 털어내어 잘게 썬다.
② 밥에 잘게 썬 김치를 넣고 깨소금, 참기름, 소금으로 양념하여 초밥틀에 찍어냅니다.
③ ②의 밥에 밀가루, 계란물, 빵가루 순으로 옷을 입혀 180℃의 식용유에 튀겨낸다.

고추의 매운맛 내는 캅사이신은 위암을 억제해줍니다.

6. 고추

고추의 성분을 보면 오렌지나 레몬보다 훨씬 많은 비타민C가 들어있고 당근과 비슷하게 비타민A가 풍부하게 들어있습니다.

고추의 매운맛은 알칼로이드 화합물인 캅사이신 때문인데, 이것은 고추의 종류와 경작조건에 따라 함유량이 0.1~1%까지 차이가 난다. 특히 고추씨에 가장 많고 껍질에도 상당량이 함유되어 있습니다.

최근의 연구결과는 캅사이신이 발암억제제 또는 항암제로 작용할 수 있다고 보고하고 있습니다.

캅사이신은 항산화, 염증 억제작용을 나타냄으로써 조직의 산화적 손상을 막고 종양 촉진이나 진행을 억제할 수 있을 것으로 생각됩니다.

대부분의 발암성 화학물질들은 우리 몸에 들어와 간에서 대사되어 반응성이 높은 중간체로 활성화된후 표적세포의 DNA를 공격함으로써 암화과정을 개시하는데, 캅사이신은 발암원 물질들의 대사활성화를 억제함으로써 발암과정을 억제하는 것입니다.

캅사이신은 위에서 생성되는 대표적 발암물질인 나이트로소아민의 돌연변이성을 억제하는 한편, 암세포에 넣었을 경우 아폽토시스를 통한 암세포의 자살을 유도함으로써 항암작용을 나타내는 것으로 확인되었습니다.

사람들은 지금까지 매운 음식을 섭취하면 위 점막이 손상되면서 만성위염이 되고 위암 발생률을 높인다고 알고 있다. 하지만 이와 반대로 고추를 섭취해도 위 점막이 손상되지 않으며, 도리어 위궤양의 발생을 억제한다는 연구발표도 있습니다.

■ 암을 이기는 한국인들의 보약음식 만들기

◎ 고추잡채요리

암을 이기는 보약음식의 궁합재료
피망 3~4개, 양파 1개, 버섯류(없으면 생략), 돼지고기 100g, 잘게다진마늘, 간장, 소금, 고추기름, 꽃빵

① 모든 재료는 채로 썹니다.
② 피망을 두조각으로 잘라 씨를 떼어낸다. 피망이 얇으면 옆으로 썰고, 두꺼우면 씨 있는 자리부터 썬다. 두께는 2㎜
③ 양파는 1~2㎜ 두께로 썹니다.
④ 버섯류도 잘게 찢어 준비한다.
⑤ 돼지고기는 2~3㎜로 채로 썬다.
⑥ 꽃빵을 미리 앉혀둠. 약 십분정도 찝니다.
⑦ 채 썬 돼지고기를 프라이팬에 고기를 볶는다.
⑧ 돼지고기를 팬에 넣고 반쯤 익을무렵, 마늘을 넣고 살짝 볶는다.
 (고추기름을 사용안할 것이면 간장 2/3순갈을 이때 넣습니다)
⑨ 양파를 넣고 몇번 저은 후, 나머지 피망 등을 넣고 볶는다.
 (만약 팽이버섯이라면 거의 마지막에 넣는다)
⑩ 재료를 다 넣고 볶으면서 소금 간을 맞춥니다. 간장을 넣었으면 감안하여 간을 맞춤. 고추기름을 사용하려면 완성직전에 넣는다.

◎ 고추된장 장아찌

암을 이기는 보약음식의 궁합재료
풋고추 300g, 된장 적당량
① 고추의 꼭지는 절대로 떼지 않습니다.
② 손질한 고추는 소금물에 헹궈 건진다.
③ 바늘이나 뾰족한 이쑤시개를 이용하여 꼭지 바늘구멍 2~3군데를 내어 간이 잘 스며들도록 합니다.
④ 소금물을 준비하여 그릇에 담은 후 고추 위에 푹 잠길때까지 부어주어 2~3일정도 삭힌다.
⑤ 삭힌 고추를 된장에 박아 된장맛이 배면 꺼내어 먹습니다. 단 된장에 넣을때 망에 담아 담그면 꺼낼때 된장을 털어내지 않아 편리하지만 빠른 시간에 장아찌를 담그고자 하면 하나씩 넣어주는 것이 좋습니다.
⑥ 된장 장아찌는 묵은 된장으로 쓰는 것이 좋으며, 너무 짜지않아야 장아찌의 맛이 좋습니다.

율무에는 항암효과인 β-모노올레인이 쌀, 보리, 밀보다 20배가 더 어있습니다.

7. 율무

율무를 다른 말로 율무쌀이라고도 하는데, 예로부터 허약체질의 보양식으로 율무죽이나 율무차 등을 만들어 먹었습니다.

율무의 한의학적 약리효과는 해열, 진정, 진통, 암세포 억제 등을 비롯해 비와 폐의 기허를 보하고, 무사마귀를 치료한다. 또한 피부건강, 여드름, 기미 등도 치료합니다.

율무는 당질 64.9%, 단백질 15.1%, 지질 6.4%, 섬유소 2.8%, 회분 2.0%, 수분 8.8% 등을 비롯해 칼슘도 147mg/100g이 함유되어 있습니다.

율무의 약리학적에서 코익솔은 경련방지, 혈압강하, 체온하강, 장관운동 억제, 진정, 진통, 해열작용을 한다. 코익산 A, B, C와 함께 율무 다당류는 혈당을 감소시키고, 6-벤조사지노이드는 항염증작용을 합니다.

아세톤 추출액인 코익세노라이드는 주요 함암활성 물질로 쥐의 복수암 생성실험에서 억제현상을 보였다. 또한 α모노리놀레인도 종양생성을 억제하는 효과가 있었습니다.

곡류 중 현미, 수수, 기장, 조 역시 암예방에 효과가 있다고 하지만, 쌀, 보리, 밀, 율무 등을 각각 이용한 실험에서 결장암세포와 골육암세포에서 율무가 2~3배 정도의 항암효과가 있었습니다.

이에 따라 밥이나 콩을 넣은 현미밥에 율무를 첨가해서 먹으면 효능이 배가 된다는 사실을 잊지말아야 한다.

⦿ 저자 약력

성명　　　　김 정 수
출생지　　　전북 고창
인생관　　　홍익인간

⦿ 주요 저서

암예방 치매예방 등 80종 발간

삶의 방향 느낀점을 기술하여 제출하면
저희 출판사 작가님이 편집 제작하여
의뢰인과 협의 대필 해준다.

도서구매자는 무료강좌 offline 100석 예약
접수처 : gpnet@naver.com

특강 예약석 (100석)

①	②	③	④	⑤	⑥	⑦	⑧	⑨	⑩
1-1	2-1	3-1	4-1	5-1	6-1	7-1	8-1	9-1	10-1
1-2	2-2	3-2	4-2	5-2	6-2	7-2	8-2	9-2	10-2
1-3	2-3	3-3	4-3	5-3	6-3	7-3	8-3	9-3	10-3
1-4	2-4	3-4	4-4	5-4	6-4	7-4	8-4	9-4	10-4
1-5	2-5	3-5	4-5	5-5	6-5	7-5	8-5	9-5	10-5
1-6	2-6	3-6	4-6	5-6	6-6	7-6	8-6	9-6	10-6
1-7	2-7	3-7	4-7	5-7	6-7	7-7	8-7	9-7	10-7
1-8	2-8	3-8	4-8	5-8	6-8	7-8	8-8	9-8	10-8
1-9	2-9	3-9	4-9	5-9	6-9	7-9	8-9	9-9	10-9
1-10	2-10	3-10	4-10	5-10	6-10	7-10	5-10	9-10	10-10

예약		예약석		폰넘버	
	이름				

독서하지 않은 국민은 망한다!

초판 1쇄 인쇄 2024년 12월 27일
저　　자 : 김정수
펴낸곳 : 글로벌
발행인 : 김 정 수
편　　집 : 아이스쿨
주　　소 : 서울시 강남구 테헤란로 82길 15
　　　　　982호(대치동)
전화 : 010-8961-2867
팩스 : 0504-017-2867

ISBN 979-11-93186-38-1
정가　25,000원